FELIX NEUREUTHER

Alex Hofstetter & Stefan Illek

FÜR DIE HELDEN VON MORGEN

egoth verlag

IMPRESSUM

Untere Weißgerberstraße 63/12
1030 Wien

Autoren: Felix Neureuther, Alex Hofstetter, Stefan Illek

Fotos: S. 6–12 Privatarchiv, S. 18 Mike Fiala/EPA/ picturedesk.com, S. 23 Lisi Niesner/REUTERS/ picturedesk.com, S. 30 Klaus Vyhnalek, www.vyhnalek.com, S. 46 Hans Klaus Techt/APA/picturedesk.com, S. 51 Hans Klaus Techt/APA/picturedesk.com, S. 66 Johann Groder / EXPA / picturedesk.com, S. 75 Stefan Adelsberger/EXPA/picturedesk.com, S. 78 ullstein bild–Horstmüller/Ullstein Bild/picturedesk.com, S. 81 Privatarchiv, S. 83 dpa Picture Alliance / picturedesk.com, S. 89 Johann Groder / EXPA / picturedesk.com, S. 93 Privatarchiv, S. 102 Stefan Adelsberger/EXPA/picturedesk.com, S. 114 Jean-Christophe Bott/Keystone/ picturedesk.com, S. 122 Head, S. 128 Martin Huber / EXPA / picturedesk.com, S. 138 ORF, S. 148 Infront, S. 154 Wolf Heider-Sawall/laif/picturedesk.com, S. 163 Eibner/EXPA/picturedesk.com, S. 178–181 und Umschlag Rückseite Privatarchiv

Cover: Frank Bauer, www.frankbauer.com

Projektleitung: Sonja Franzke | vielseitig.co.at
Umschlag- und grafische Innengestaltung: José Coll | B.A.C.K. Grafik & Multimedia GmbH

Printed in the EU
Gesamtherstellung: egoth Verlag GmbH
ISBN (Print): 978-3-903183-29-2
ISBN (E-Book): 978-3-903183-93-3

Inhalt

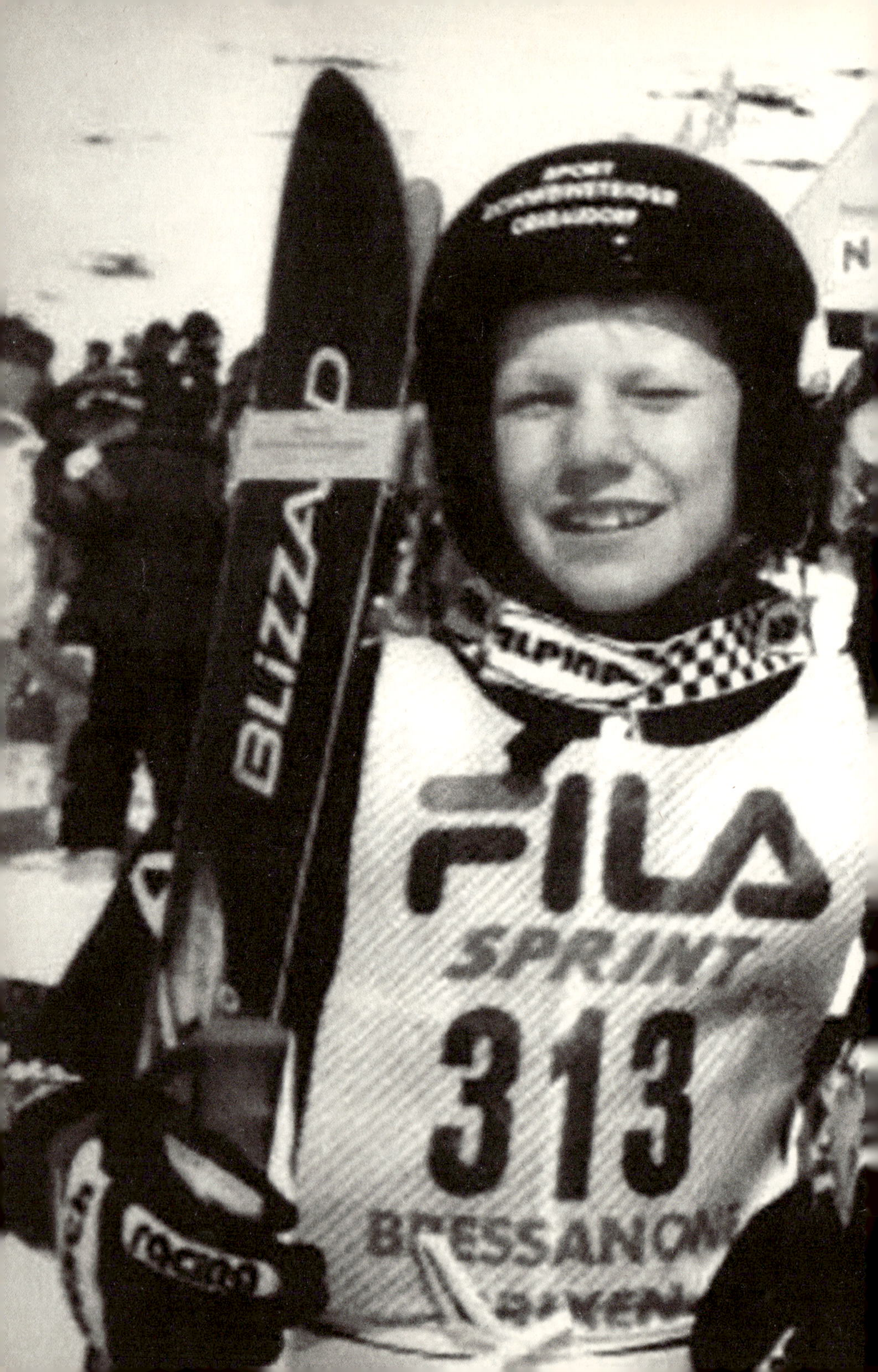
FILA
SPRINT
313

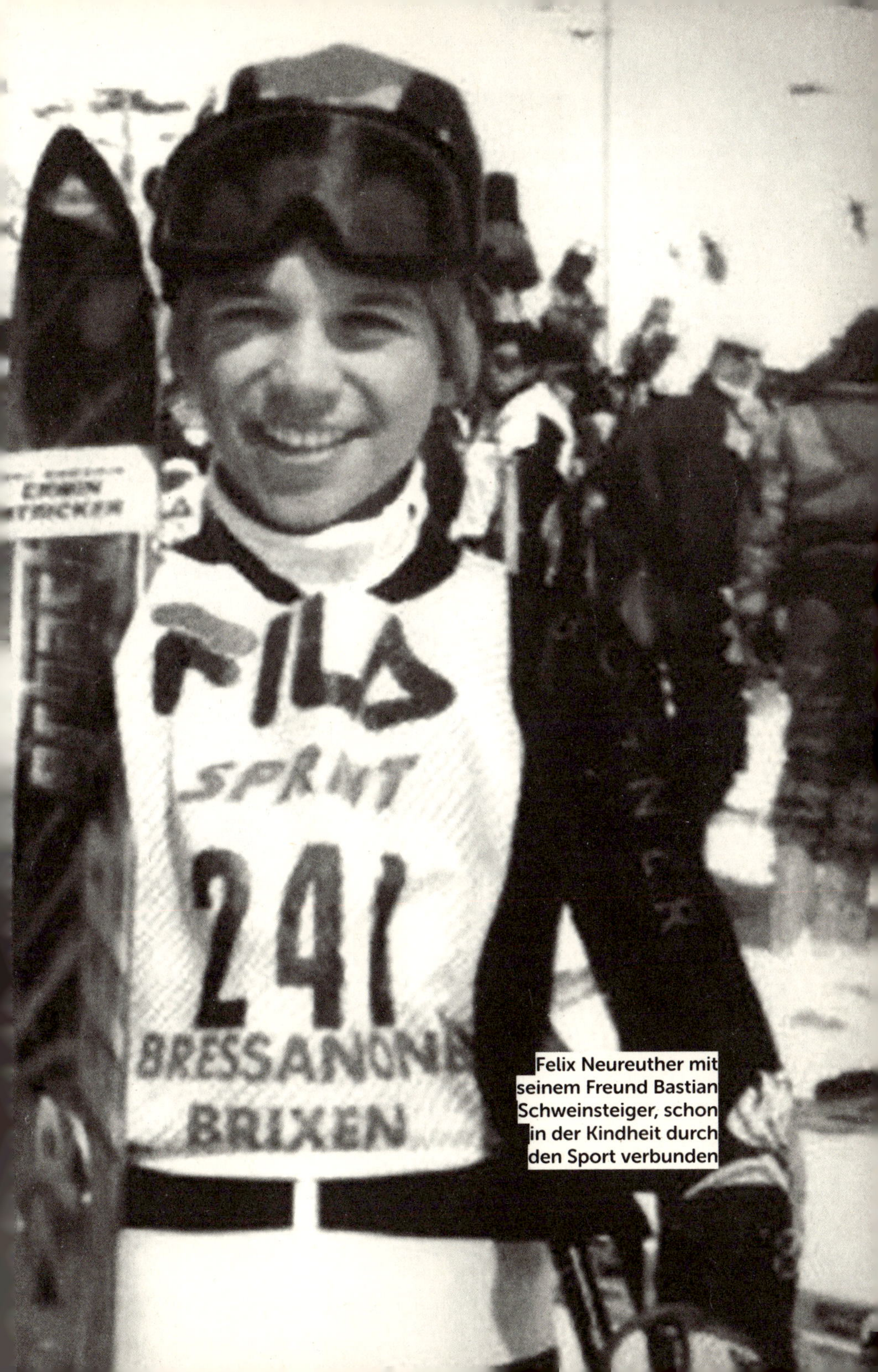

Felix Neureuther mit seinem Freund Bastian Schweinsteiger, schon in der Kindheit durch den Sport verbunden

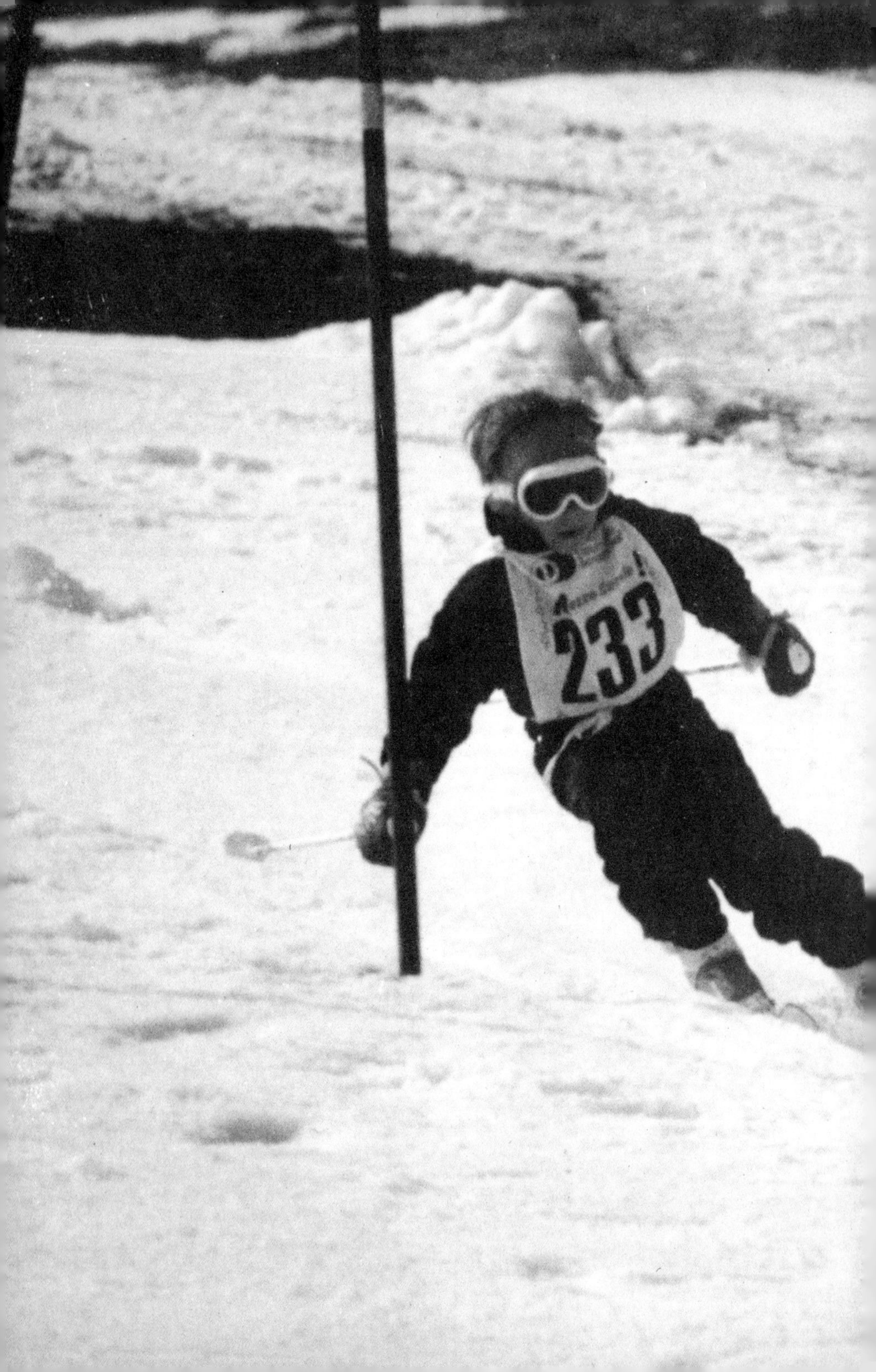
233

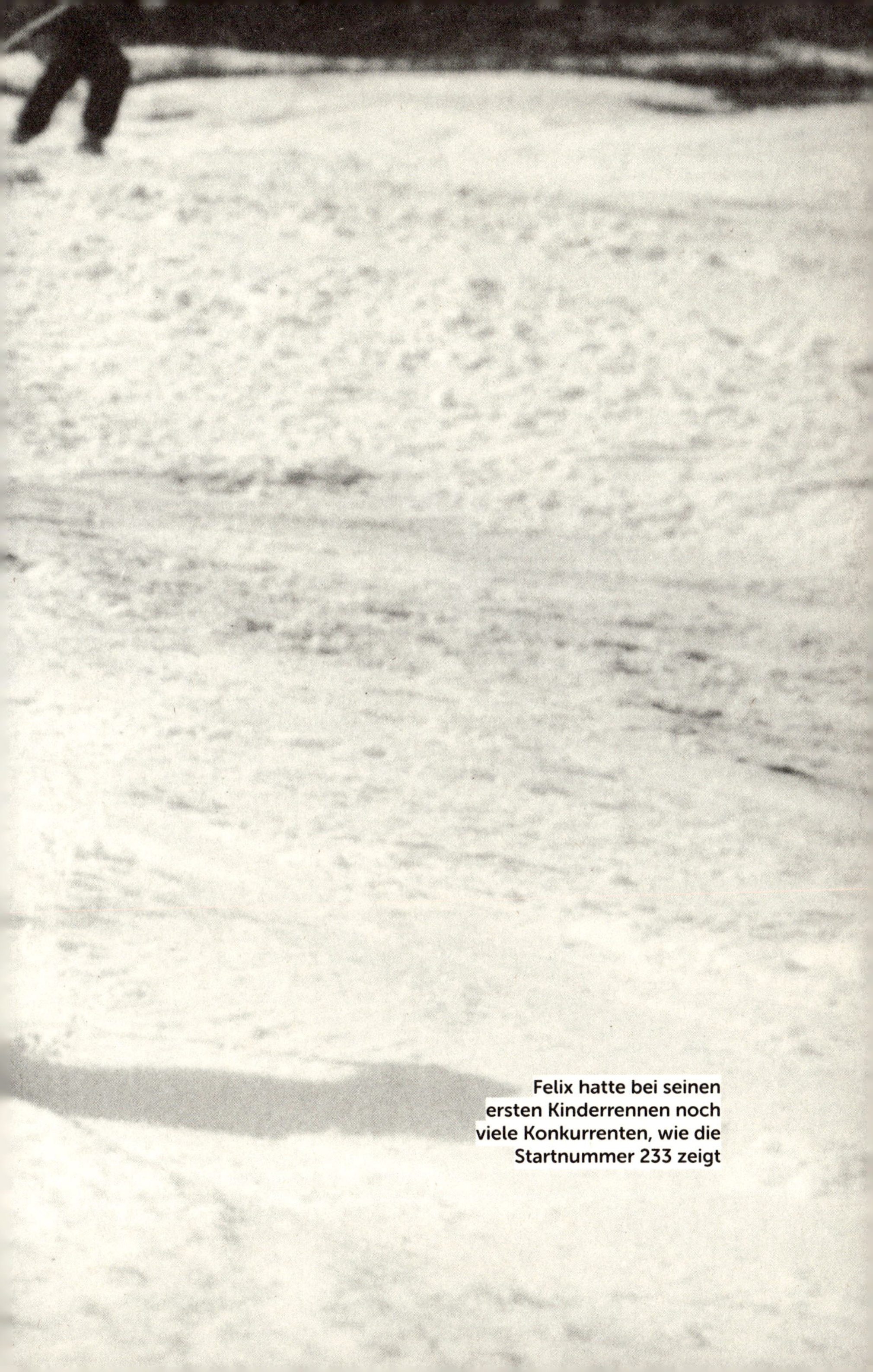

Felix hatte bei seinen ersten Kinderrennen noch viele Konkurrenten, wie die Startnummer 233 zeigt

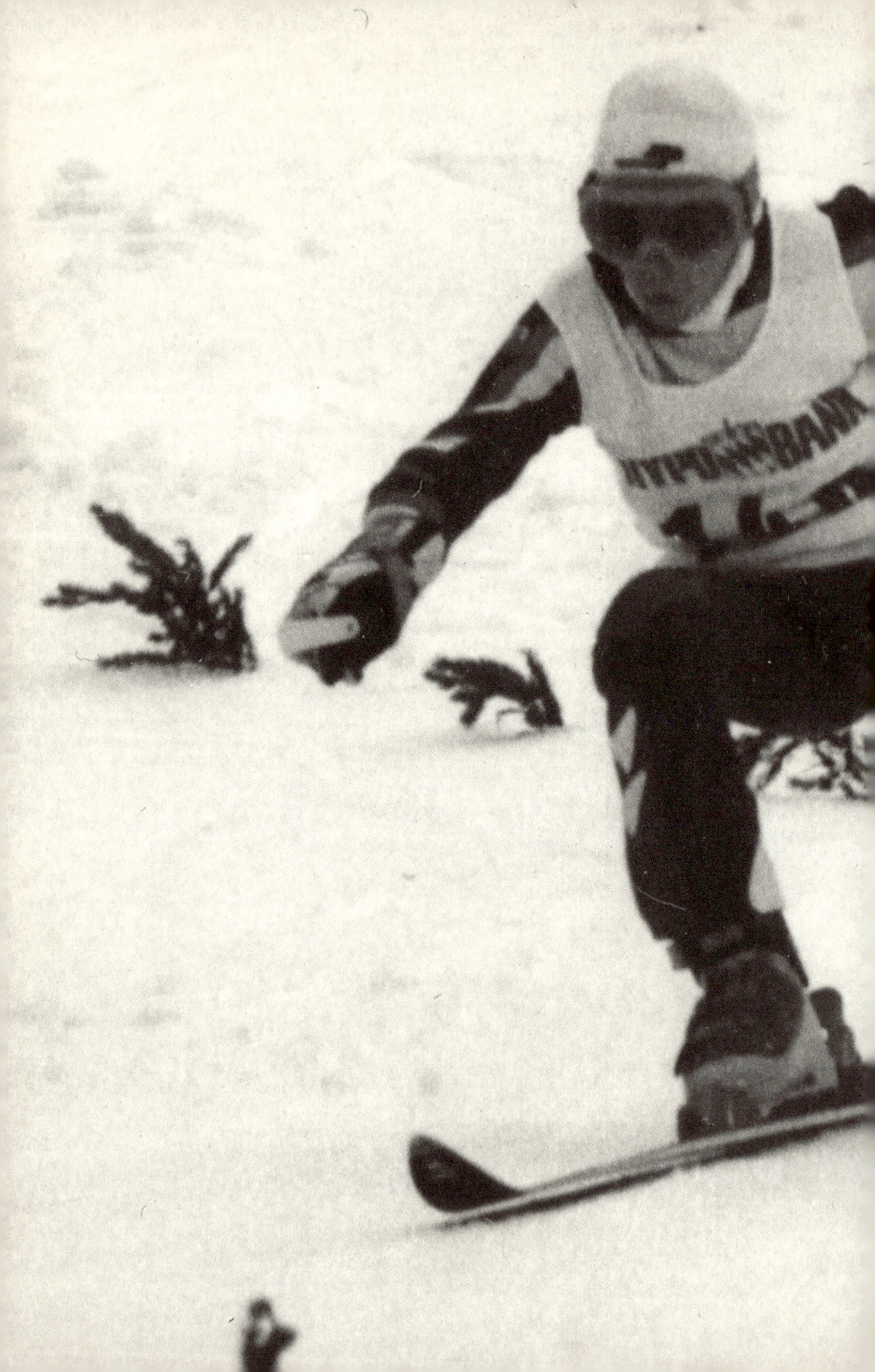

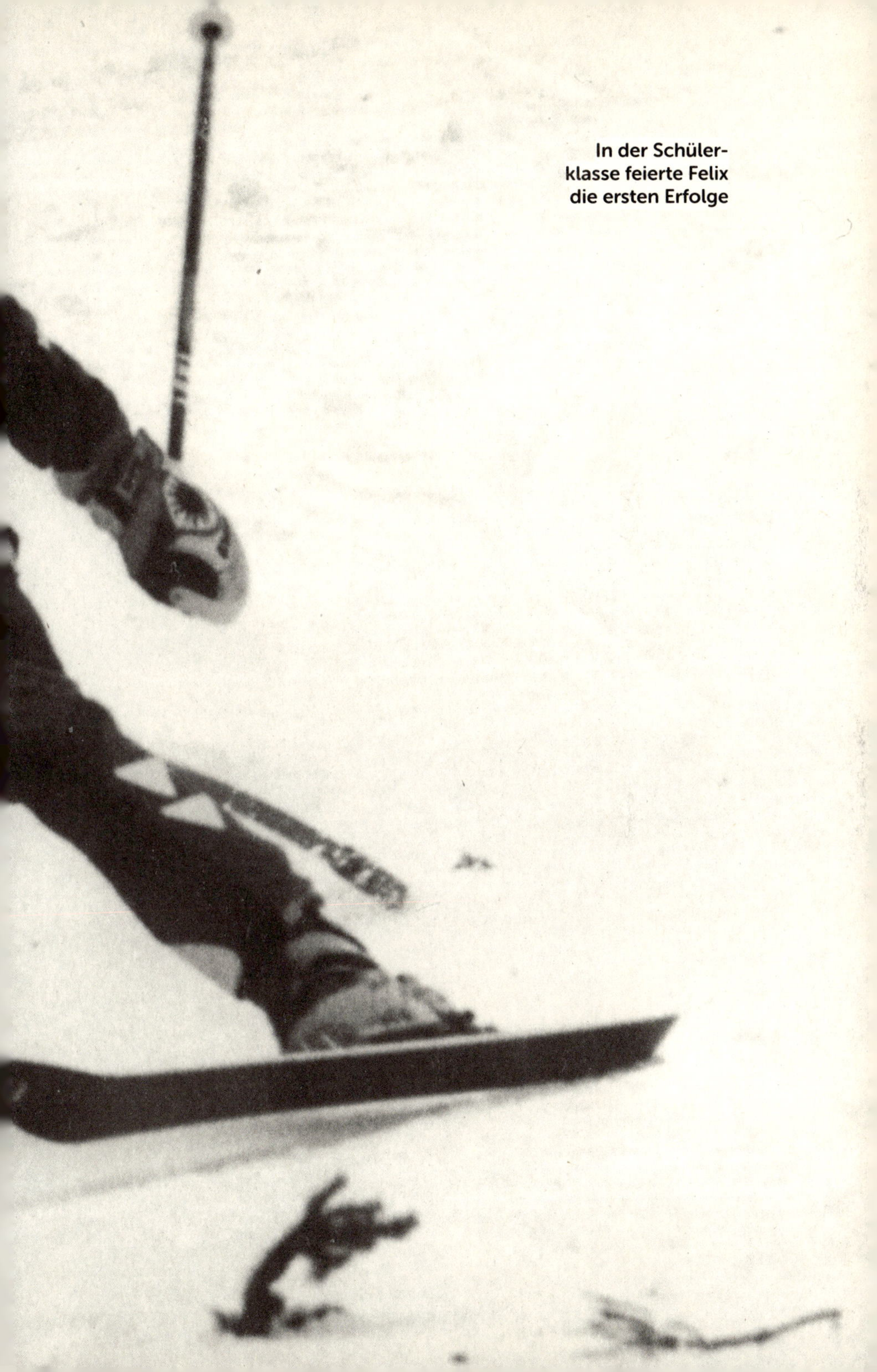

In der Schülerklasse feierte Felix die ersten Erfolge

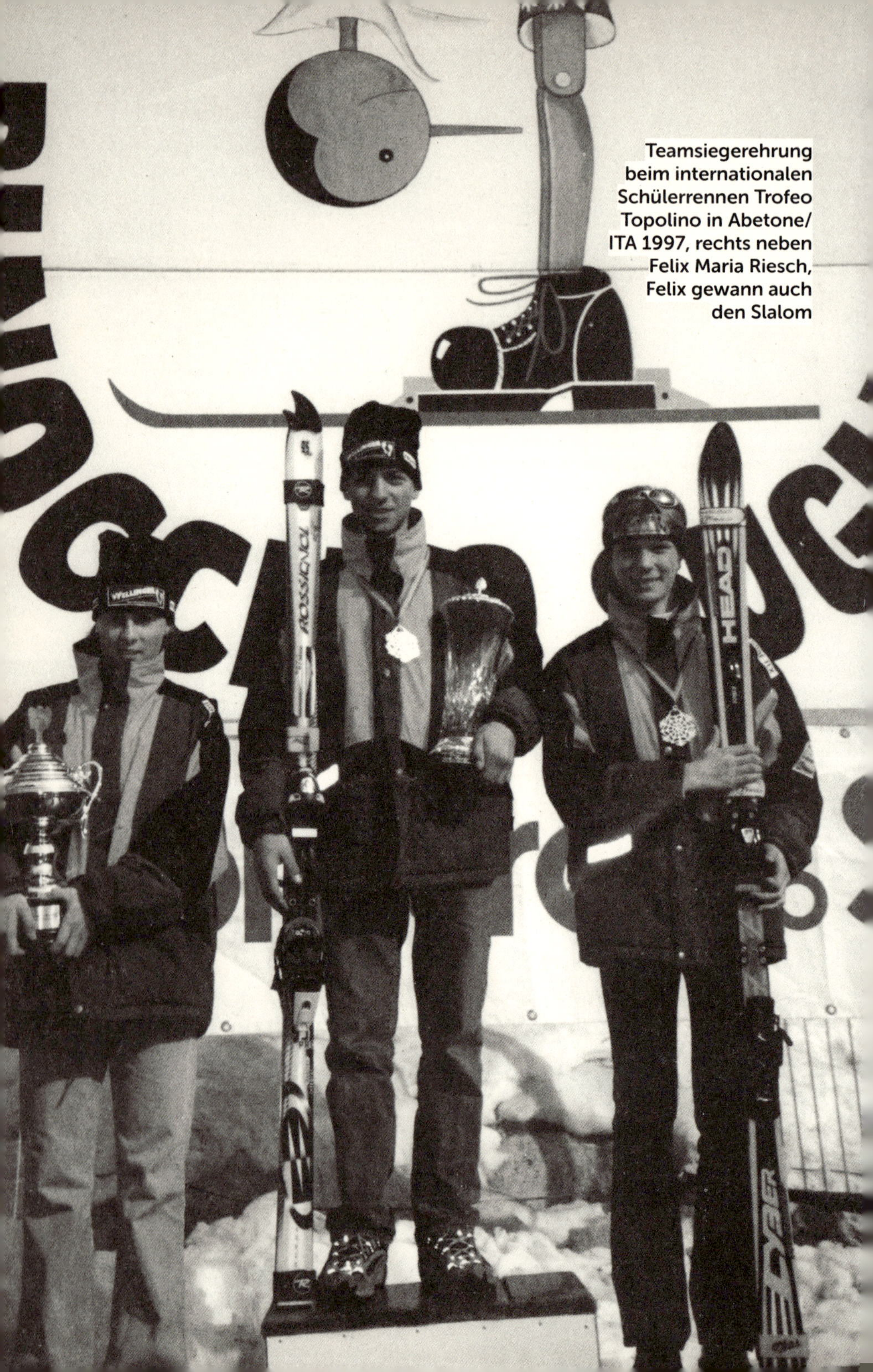

Teamsiegerehrung beim internationalen Schülerrennen Trofeo Topolino in Abetone/ITA 1997, rechts neben Felix Maria Riesch, Felix gewann auch den Slalom

FÜR DIE HELDEN VON MORGEN
WARUM?

Warum ich dieses Buch geschrieben habe? Gleich zu Beginn eines vorweg: Ich hätte es ganz sicher auch ohne Corona getan! Denn viele Dinge auf dieser Welt, die mir sehr am Herzen liegen, waren auch schon vor diesem Virus überreif für Veränderungen. Viele Leute fragen mich, warum mir die Zukunftschancen und die Bewegung unserer Kinder so sehr am Herzen liegen. Warum ich so sehr für eine bessere, sauberere Zukunft des Sports kämpfe, obwohl ich ja gar kein Profisportler mehr bin. Um die richtige Antwort darauf zu finden, blicke ich in meine eigene Kindheit und Jugend zurück. Mir hat es immer schon sehr viel Freude bereitet, mit Kindern zusammenzuarbeiten. Als ich 13 Jahre alt war, war der Nachbarsbub sechs. Ich habe sehr oft mit ihm Fußball gespielt und wollte ihm dabei immer neue Sachen beibringen, damit er besser dribbeln und schießen kann. Der Ursprung kommt sicher auch daher, dass wir Neureuthers eine rumänische Flüchtlingsfamilie bei uns aufgenommen haben, als ich ein kleiner Bub war. Der Sohn dieser Familie heißt Razwan und ist sechs Jahre älter als ich. Er war wie ein großer Bruder für mich, und bis heute verbindet uns eine enge Freundschaft. Wann immer er mich braucht oder ich ihn: Wir würden einander helfen.

Mir gefällt es einfach, Kinderaugen zum Leuchten zu bringen. Das war auch mein Hauptantrieb beim Skirennfahren. Das waren nicht die Pokale oder sonst irgendwas. Ich wollte und will mit meinem Sport etwas weitergeben und Menschen Freude bereiten. Und die Freude und das Lächeln von Kindern sind nun mal die ehrlichsten auf der Welt. Als ich zirka 20 Jahre war, habe ich angefangen, Skicamps für Kinder zu veranstalten. Da lade ich immer mit meinem Trainerteam talentierte Mädels und Jungs nach Sölden ein, um ihnen Antrieb zu geben, um ihnen zu helfen, sich weiterzuentwickeln. Wenn ich so nachdenke, bin ich vom Kopf her eigentlich selbst immer ein Kind geblieben. Mir war auch wichtig, dass meine Trainingspläne immer sehr viele spielerische Elemente enthalten haben. Stures, langweiliges Krafttraining war nie so mein Ding. Mein erstes Buch im Jahr 2009 hieß „Mein Leben mit Life Kinetik" (Gehirn + Bewegung = mehr Leistung), das war eher für erwachsene Sportler. Danach habe ich mir gedacht, dass wir in diese Richtung etwas für Kinder machen müssen. Herausgekommen ist 2014 das Buch „Beweg dich schlau!". Eine Hilfestellung für die Sechs- bis Zwölfjährigen, um fit und clever durch den Schulalltag zu kommen. Besonders prägend bezüglich Werten und Begeisterung für die Bewegung ist aber das Kleinkindalter. Deshalb gibt es seit 2017 die Bilderbuch-Serie rund um den sportlichen Fuchs „Ixi", mit dem ich den Kleinsten die wichtigsten Werte im Sport und im Zusammenleben vorstellen und auf den Weg mitgeben möchte. Mich schockt es, wenn wir in ein Lokal zum Essen gehen und dort wird den Kindern das Tablet in die Hand gedrückt, damit sie ruhig sind. Wenn das die Zukunft ist, dass wir nur noch mit dem Smartphone oder Tablet in der Hand dasitzen und nicht einmal mehr beim Essen miteinander kommunizieren, dann gute Nacht. Und wenn sich zusätzlich die Kinder immer weniger bewegen, dann ist das schon dramatisch. Dem will ich entgegentreten. Auch deshalb, weil ich jetzt eigene Kinder habe. Und ihnen und allen anderen Kindern sollten wir eine gesunde Zukunft ermöglichen. Es ist mir ein riesengroßer Graus, dass Kinder durch Bewegungsmangel Krankheiten bekommen.

Man kann es also als schleichenden Prozess und einen Mix aus prägenden Erlebnissen bezeichnen, wie die Idee für das Buch „Für die Helden von morgen" entstanden ist. Ich will damit meinen Beitrag leisten, um die Zukunft unseres Sports zu sichern. Nicht nur die des Skisports, sondern ganz allgemein. Denn Kinder brauchen Motivation und Vorbilder, das ist entscheidend. Das habe ich ja selbst erlebt. Neben meinen Eltern war Italiens Ski-Held Alberto Tomba mein großes Vorbild. Ihm wollte ich immer nacheifern! Kinder leben wahnsinnig von emotionalen Momenten, die der Sport so mit sich bringt. Und daran orientieren sie sich. Mir ist es ein großer Dorn im Auge, dass die wirklich emotionalen Momente des Sports durch Einschränkungen von Organisationen, Verbände und genormte Verhaltensregeln kaputt gemacht werden. Die Sport-Berichterstattung besteht daher leider zu einem sehr großen Teil nur noch aus negativen Aspekten. Natürlich muss man auch darüber berichten, aber der Sport liefert doch immer noch wunderbare Geschichten und grandiose Leistungen. Man meint fast, alles im Sport dreht sich nur um Doping, Korruption, Milliardenverschwendung und fehlende Nachhaltigkeit. Die Grundwerte des Sports – Ehrlichkeit, Toleranz, Selbstdisziplin, Siegeswille, Wetteifer, Hingabe, Teamgeist und viele mehr – sind aber entscheidend für eine gesunde Gesellschaft und diese Werte kann man nicht oft genug betonen. Deshalb ist mir dieses Buch so wichtig. Ich weiß ganz sicher nicht alles besser. Aber ich setze mich dafür ein, dass vieles besser wird. Und dafür habe ich mich für dieses Buch auch mit vielen Menschen unterhalten, die es in ihren Bereichen und Spezialgebieten sehr wohl ein wenig besser als die meisten anderen wissen. Es ist mir eine riesengroße Ehre, dass Helden wie Arnold Schwarzenegger oder Marcel Hirscher und viele andere große Namen gemeinsam mit mir für die Helden von morgen kämpfen.

Gemeinsam machen wir uns Gedanken, wie es weitergeht. Wir wollen nicht meckern und mit dem Finger zeigen, wir wollen Probleme aufzeigen, Denkansätze und Lösungsvorschläge bieten, wie der Sport wieder attraktiver für Kinder und Jugendliche gemacht werden kann. Wir wollen zeigen, wie man vielleicht etwas ändern kann. Sonst läuft alles so weiter, wie es bis jetzt gelaufen ist – also leider in die falsche Richtung. Wir müssen versuchen, das Boot in die richtige Richtung zu lenken. Dieses Buch soll ein kleiner Ansporn für die Gesellschaft und für andere Sportler sein, um sich Gedanken darüber zu machen, wie unser Leben und der Sport in Zukunft ausschauen sollen. Die nächsten Seiten liefern viele Diskussionen, viele Antworten, viele Probleme, viele Anregungen, viele Fragen. Damit sich aber wirklich etwas ändert, müssen alle zusammenhelfen. Wirklich ALLE! Politiker, Lehrer, Eltern und natürlich auch wir Ex-Sportler und Sportler!

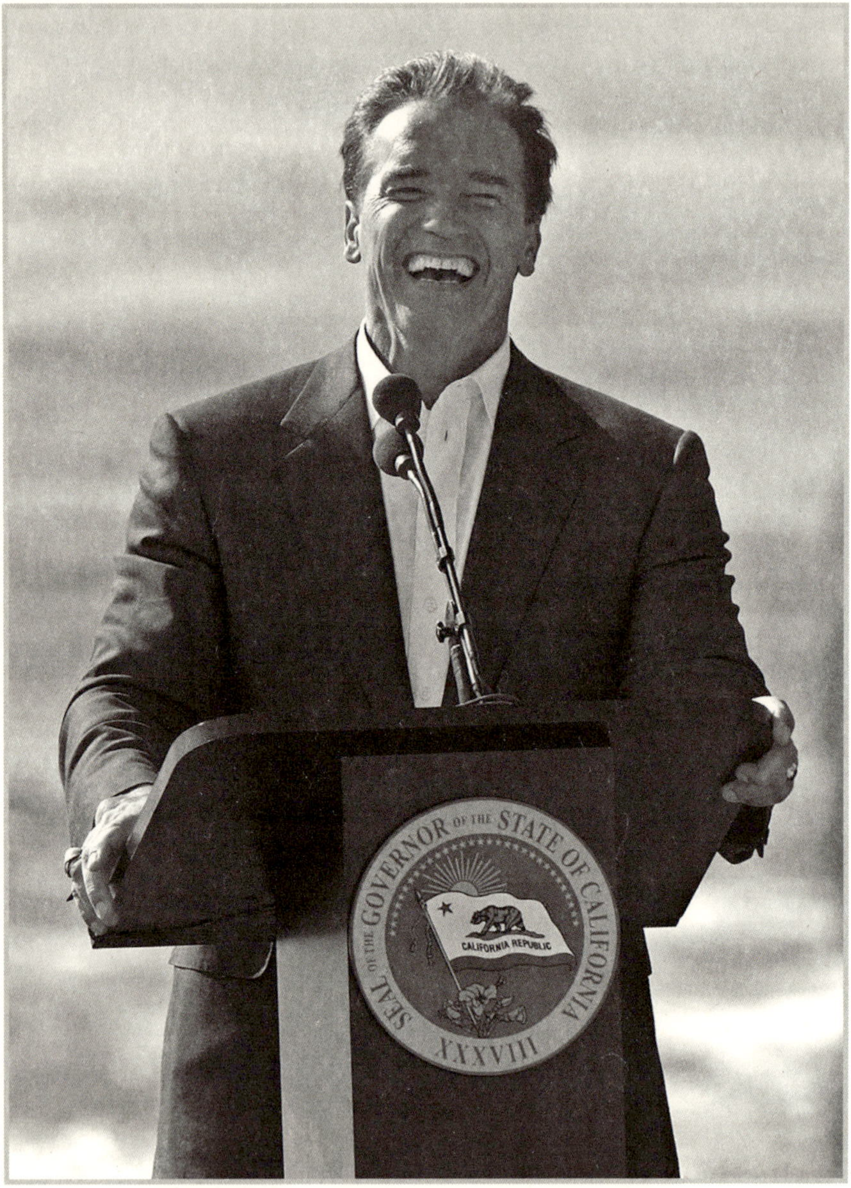

Arnold Schwarzenegger, der wahr gewordene amerikanische Traum

DER „AMERICAN DREAM" LEBT! ARNOLD SCHWARZENEGGER

Arnold Schwarzenegger (* 30. Juli 1947 in Thal, Steiermark), in seiner Heimat auch „die steirische Eiche" genannt, ist ein österreichisch-amerikanischer Schauspieler, Publizist, Unternehmer, ehemaliger Bodybuilder sowie ehemaliger US-Politiker. Er schaffte es aus einfachen Verhältnissen zum internationalen Superstar, wurde siebenmal Mister Olympia im Bodybuilding, legte eine grandiose Hollywood-Karriere als Actiondarsteller hin (u. a. mit den Filmen „Terminator", „Kindergarten Cop", „Total Recall") und war von 2003 bis 2011 Gouverneur Kaliforniens.

Sein politisches Engagement begann Arnold Schwarzenegger 1990 als Vorsitzender des nationalen Rates für Fitness und Sport, wo er sich intensiv für gesündere Ernährung und mehr Bewegung für Kinder einsetzte. Außerdem engagiert sich Arnold Schwarzenegger international für den Klimaschutz.

Jedes Jahr ist Arnold Schwarzenegger Gast beim Hahnenkammrennen in Kitzbühel.

Kaum jemand auf diesem Planeten verbindet die Leidenschaft zum Sport und den Klima-Kampf wie Arnold Schwarzenegger. Seine Lebensgeschichte sucht weltweit ihresgleichen, ich würde sogar sagen, sie ist einzigartig. Und diese Geschichte schenkt den Menschen Hoffnung. Sie zeigt, was man mit harter Arbeit, aber auch mit Menschlichkeit schaffen kann. Arnie hat niemals aufgegeben. Es ist doch unglaublich, wenn man sich vorstellt, dass er als Bodybuilder gestartet ist und es bis zum Hollywood-Superstar und Gouverneur von Kalifornien geschafft hat. Das ist einfach gewaltig. Vor einigen Jahren hatte ich in Kitzbühel die Ehre, Arnie persönlich kennenzulernen. Beim Audi-Abend hatte ich zuerst auf der Bühne zu tun, danach wollte ich einen Sprung beim Audi-Tisch vorbeischauen. Auf einmal bemerkte ich, dass dort der Arnie sitzt. Ich wollte zu ihm gehen und mich vorstellen, doch da ist der Arnie schon aufgesprungen, streckte mir die Hand entgegen und sagte: „Servus, griaß di, ich bin's, da Arnie." Dieser Satz war für mich wie ein Ohrwurm, ich hatte ihn wirklich wochenlang im Ohr. Auch beim darauffolgenden Kitzbühel-Slalom.

Arnie hat ein atemberaubendes Charisma. Wenn er einen Raum betritt, dann füllt er ihn aus und alle Augen richten sich auf ihn. Das kenne ich in der Dimension nur von wenigen Menschen. Solche Menschen sollte es mehr geben. Denn Arnie nützt seine Popularität eben auch für die wichtigen Themen unserer Zeit wie Umwelt oder Bewegung der Kinder. Und solche Menschen können auch etwas bewegen. Durch seine Geschichte, woher er gekommen ist und wohin er es geschafft hat, kann er seine Stellung sehr gut einschätzen. Er ist sich bewusst, welches Vorbild er ist. Und deshalb setzt er sich auch für wichtige gesellschaftliche Themen dermaßen ein. Arnie ist einfach ein cooler Typ.

Deshalb ist es mir eine große Freude, dass ich Arnie für dieses Buchprojekt gewinnen konnte und mit dem „Terminator" über den „American Dream", sein Vertrauen in die Kids und Jugendlichen, seine Leidenschaft fürs Skifahren, den Kampf für mehr Bewegung und gesundes Essen in den Schulen und noch vieles mehr plaudern durfte. Dieser Mann ist einfach eine Legende! Eine Legende, die viel zu sagen hat.

Die „steirische Eiche" ist mit dem traumhaften Aufstieg in Hollywood der Inbegriff des legendären „American Dreams", nach dem Motto: Jeder kann alles erreichen! Durch harte Arbeit, Anstrengung, Engagement und Visionen! Heute scheint es teilweise, dass Jugendliche denken: Solche Karrieren sind mittlerweile unmöglich, die Stars und Vorbilder sind viel zu weit weg, fast auf einem anderen Planeten. Doch Arnold hat da eine ganz, ganz andere Meinung: *„Felix, vergiss den Gedanken, dass etwas unerreichbar ist. Alles ist möglich, wenn man eine Vision für sein Leben entwickelt und jeden Tag daran arbeitet, diese Vision zu verwirklichen. Ich bin nicht einfach eines Tages aufgewacht und Mr. Olympia geworden oder bekam überraschend die Hauptrolle in Terminator oder wurde einfach so Gouverneur von Kalifornien. Ich habe eine Vision geschaffen und jeden einzelnen Tag hart gearbeitet, um diese Vision zu erreichen. Ich denke, jeder mit einer Vision und viel Hingabe kann alles erreichen. Heute sind die Möglichkeiten genauso groß wie damals, als ich noch ein Kind war, also denkt bitte immer groß!"*

Das sind beeindruckende, inspirierende Worte, die uns allen Mut und Zuversicht geben können, vor allem aber den Kindern und Jugendlichen, in die Schwarzenegger – trotz der Unkenrufe von vielen Seiten – großes Vertrauen setzt, ihnen ganz viel zutraut: *„Ich denke, wir haben so viele brillante junge Köpfe, die bereit und in der Lage sind, sich den Herausforderungen der Zukunft zu stellen. Wir müssen dafür sorgen, dass wir als die ältere Generation den jungen Führungskräften eine Plattform bieten und sie in die Lage versetzen, aktiv zu werden. Eines meiner Lieblingsbeispiele ist meine junge Freundin Greta Thunberg, die eine furchtlose Führungspersönlichkeit im Kampf gegen den Klimawandel und die Umweltverschmutzung ist. Ich treffe viele junge Freiwillige, die für Gleichberechtigung, gegen Obdachlosigkeit oder für Special Olympics kämpfen. Dieses positive, aktive Engagement der jungen Generation ermutigt mich sehr."*

Eine Generation, die trotz oder vielleicht gerade durch Corona neue Chancen, neue Perspektiven haben könnte. Könnten Corona und seine Nebenwirkungen in bestimmten Bereichen positive Auswirkungen auf unseren Planeten haben? Zum Beispiel für die Sensibilisierung beim Thema Nachhaltigkeit? Mehr Bewusstsein für das schaffen, was wir haben? Mehr Bewusstsein für „weniger ist mehr"? Oder dass es keine wirkliche Notwendigkeit gibt, regelmäßig – oft auch nur aus Spaß – um den Globus zu fliegen … *„Die Einstellung, gar nicht mehr zu fliegen,*

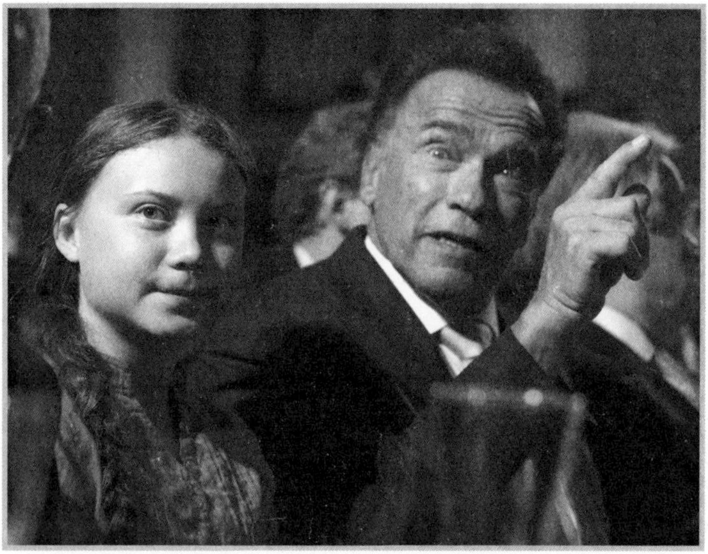

Die 16-jährige schwedische Klimaaktivistin Greta Thunberg und Arnold Schwarzenegger während der Eröffnung des R20 Austrian World Summit in Wien

die mag ich überhaupt nicht und halte ich für falsch. Meiner Meinung nach sind es die fossilen Brennstoffe, die wir nicht mögen, nicht das Fliegen. Deshalb sollten wir uns darauf konzentrieren, die neuen Technologien der Zukunft zu schaffen. Wir sehen große Lastwagen, die auf saubere Energie umsteigen, und vor Kurzem haben wir das erste Solarflugzeug gesehen. Die Technologien funktionieren, das weiß ich aus eigener Erfahrung, denn auch mein Hummer (Schwarzeneggers Auto, Anm.) wurde auf Biokraftstoffe beziehungsweise auf E-Mobility umgestellt. Und gerade jetzt, da die Regierungen auf der ganzen Welt zum wirtschaftlichen Wiederaufbau Fördergelder bereitstellen, haben wir die Möglichkeit, in die Zukunft anstatt in die Vergangenheit fossiler Brennstoffe zu investieren. Wir können eine Krise nicht ungenutzt verstreichen lassen! Covid-19 hat uns daran erinnert, wie vernetzt die Welt ist. Wir sind nur so gesund wie unsere Nachbarn, und das gilt auch für Fragen der Luftverschmutzung. Ich hoffe, dass die Herausforderungen, denen wir alle während dieser Pandemie begegnet sind, nun wirklich dazu führen, auf individueller, subnationaler und nationaler Ebene nachhaltigere Entscheidungen zu treffen."

Um gleich beim Thema Politik zu bleiben. 1990 wurde Arnold vom damaligen US-Präsidenten George H. W. Bush zum Vorsitzenden des Nationalen Fitness- und Sportrates ernannt. Also muss er wissen, wie man junge Menschen für den Sport begeistert und politische Barrieren überspringt. Wie hat er das geschafft? *„Der Vorsitz des President's Council on Physical Fitness and Sports war eigentlich meine erste Erfahrung in der politischen Arena und auch im öffentlichen Dienst. Ich habe so viele wertvolle Lektionen von Präsident Bush gelernt. Wie man kommuniziert und die Möglichkeiten im Weißen Haus bestmöglich nutzt, um ganz vielen Menschen eine positive Botschaft über körperliche Fitness zu vermitteln. Es war meine Aufgabe und meine Botschaft, Fitness populär zu machen und junge Menschen anzuregen, einen gesunden Lebensstil zu führen, nicht nur in den Schulen, sondern das ganze Leben lang. Ich warb für* *die Idee, dass Fitness für alle ist: Es spielt keine Rolle, ob man 6 oder 60 Jahre alt ist, ob man behindert ist oder nicht, ob man reich oder arm ist. Fitness muss für alle zugänglich und erschwinglich sein. Fitness für jedermann zugänglich zu machen, ist ein Hauptantrieb von mir, und zwar seit 50 Jahren. Ich habe immer versucht, mit gutem Beispiel voranzugehen und zu zeigen, dass es nicht darauf ankommt, wo man anfängt, sondern darauf, dass man anfängt. Es ist nie zu spät, gesündere Entscheidungen zu treffen!*"

Der Körperbau und die Muskeln sind es zwar leider nicht, aber Arnold und ich haben doch auch etwas gemeinsam: zum Beispiel unsere Leidenschaft für den Skisport. Schwarzeneggers Besuch bei den legendären Hahnenkammrennen in Kitzbühel ist alljährlich Pflicht und kaum von diesem Spektakel wegzudenken. Was bedeutet das Skifahren für ihn? *„Ich liebe es, jede Saison wiederzukommen und den Hahnenkamm zu sehen. Die letzte Saison war ein bisschen spezieller, weil ich die Chance hatte, auch eine Spendenaktion für die Schwarzenegger Klimainitiative in Kitzbühel zu veranstalten. Sie wird dazu beitragen, unseren Kampf für saubere Luft und saubere Energie auszuweiten. Ich liebe jedes Jahr diese Aufregung rund um dieses Rennen. Für mich geht es auch um Synergieeffekte, also meine beiden Leidenschaften – den Kampf für die Umwelt und den Skisport – zusammenzubringen. Wenn wir die Umweltverschmutzung jetzt nicht angehen, werden wir in den kommenden*

Jahren vielleicht keine Skisaisonen haben, wie wir sie kennen. Menschen machen sich immer öfter Sorgen, ob am Tag des Hahnenkammrennens überhaupt Schnee vor Ort ist, das war früher nicht so. In den Vereinigten Staaten ist unsere Skisaison seit Anfang der 1980er-Jahre um 34 Tage kürzer geworden! Ich selbst fahre in der ganzen Welt Ski. Skifahren in Österreich werde ich immer besonders lieben und am Ende eines schönen Skitages einen guten Haselnussschnaps trinken.“

Außerhalb von Österreich oder den Alpen schaut's ja mit der Begeisterung fürs Skifahren und vor allem für den Skirennsport anders, sprich eher bescheiden aus. Natürlich auch in Arnolds zweiter Heimat, den USA. Aber Arnold ist zuversichtlich: *„Ich glaube, in den USA interessieren sich immer mehr Menschen für den Skisport. Es ist hier ein wachsender Sport, eine 20-Milliarden-Dollar-Industrie. Große amerikanische Skifahrer wie Lindsey Vonn und Bode Miller sind zu Helden für unsere Kinder geworden, nicht zu vergessen Snowboarder wie Shaun White. Ich sehe es bei unseren „After-school-kids“, die einfach gerne mit mir Ski fahren, und alle vier Jahre werden die Zuschauerzahlen bei den Olympischen Winterspielen größer.“*

Beim Thema E-Sport stellt es mir persönlich ja die Nackenhaare auf! Dass sich so etwas Sport nennen darf, ist für mich unbegreiflich. Damit werden unsere Kids doch noch süchtiger nach elektronischen Geräten gemacht! Aber Arnold gibt der Szene eine Chance und will sie nicht zu sehr vorverurteilen: *„Als ich mit Bodybuilding anfing, meinten viele Leute, dass Bodybuilding kein Sport sei, dass es schlecht fürs Herz wäre oder dass es einen schwul machen würde. Jetzt wissen wir es besser. Krafttraining ist die Grundlage des Trainingsprogramms eines jeden Athleten, und Fitnessstudios gibt es überall – in Hotels, Schulen, Bürogebäuden, um nur einige zu nennen. Ich glaube, dass der E-Sport eine ähnliche Entwicklung durchläuft und dass niemand wirklich weiß, welche langfristigen Auswirkungen er auf die Gesellschaft haben wird. E-Sport wird es auch in Zukunft geben, aber ich glaube nicht, dass er mit traditionellen Sportarten oder Übungen konkurriert. Die Menschen werden sich immer zum Training hingezogen fühlen und sich nach dem pulsierenden Blut, dem Schweiß und den Tränen sehnen, die sportliche Wettkämpfe mit sich bringen. Eine Sache, die ich empfehlen würde, ist, dass man sich für jede halbe Stunde E-Sport eine halbe Stunde körperlich betätigt, damit man nicht zum faulen Stubenhocker wird!“*

Apropos faule Stubenhocker. Sowohl in den Vereinigten Staaten als auch in Europa ist die Mehrheit der Kinder übergewichtig und unbeweglich. Wie denkt Arnie über dieses Problem, was könnten Lösungen sein? *„Eine der Hauptlösungen besteht darin, Kindern die Ressourcen und Möglichkeiten zu geben, die sie brauchen, um aktiv und gesund zu bleiben. Sie brauchen Fitness und sport-*

liche Aktivitäten in der Schule – nicht nur Leistungssport, sondern gerade auch Gemeinschaftssport. Nicht jedes Kind möchte sich in einer Sportart messen, aber jedes Kind wird gerne Fußball oder Basketball oder etwas anderes spielen. Wir müssen das fördern und dafür sorgen, dass Einrichtungen und qualifizierte Ausbilder zur Verfügung stehen. Und wir brauchen Schulen, die den Kindern ein gesundes Mittagessen anstelle von schlechtem Essen geben. Als ich mit dem Projekt After-School All-Stars begann, das jetzt für 100.000 Kinder in Amerika Nachmittagsprogramme anbietet, stellten wir sicher, dass wir uns auf die Gesundheit konzentrieren. Und unsere Programme umfassen nicht nur Hausaufgabenbetreuung und Kunst, die letzte Stunde ist Sport und Fitness. Es gibt so viele Kinder, vor allem in benachteiligten Gemeinschaften, denen es an Orientierung und Ressourcen fehlt, um außerhalb der Schulstunden gesund zu leben. Um die Fettleibigkeit bei Kindern zu überwinden, ist es entscheidend, dass alle Kinder Zugang zu gesunden Aktivitäten und gesundem Essen haben.“

DIE LÖSUNGSVORSCHLÄGE

- Kinder brauchen Fitnesseinheiten, sportliche Aktivitäten und gesundes Essen in den Schulen.
- Viel mehr sportspezifisch qualifizierte Lehrer, Trainer in den Schulen.
- Die Möglichkeit zur sportlichen Betätigung muss für jeden zugänglich sein.
- Wer eine Stunde am Computer zockt, soll sich zwei Stunden aktiv körperlich betätigen.
- Die ältere Generation muss den neuen, motivierten Jungen den Weg ebnen, um aktiv werden zu können.
- Die Corona-Fördergelder müssen in die Technologien der Zukunft fließen – Solarenergie, Biokraftstoffe, E-Mobility. Weg mit den fossilen Brennstoffen!
- Nichts ist unmöglich! Jeder mit einer Vision und viel Hingabe kann alles erreichen.

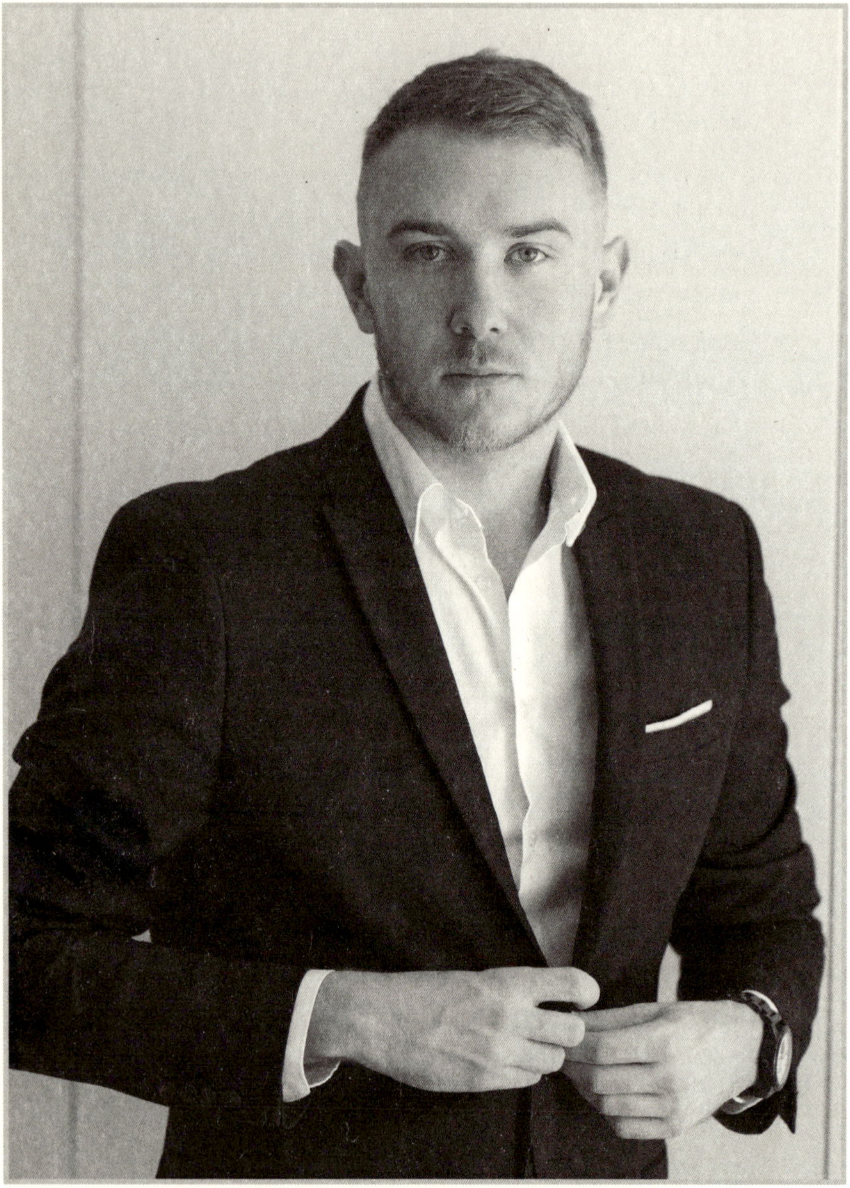

Tristan Horx, der Zukunftsforscher der neuen Generation

EIN BLICK IN DIE GLASKUGEL
TRISTAN HORX

Tristan Horx (* 8. Juli 1993 in Hamburg) ist als Sohn des Trendforschers Matthias Horx sozusagen mit der Zukunftsforschung aufgewachsen. Er versucht, aus Sicht der Jugend die Trends einer Gesellschaft vorauszusagen, die durch Digitalisierung, Mobilität, Lifestyle und Globalisierung stetig im Wandel ist, und er erforscht, was der Generation X, Y und Z folgen wird.

Tristan Horx ist Sprecher und Autor am Zukunftsinstitut. Seit 2018 ist er Dozent an der SRH Hochschule Heidelberg und seit 2019 Kolumnist bei der Kronen Zeitung. Als Anthropologe sieht er seine Aufgabe darin, die Brücke zwischen Kreativität und Ökonomie in makrosozialen Fragen zu finden.

Wie schaut die Zukunft aus? Das ist eine Frage, die momentan noch viel öfter gestellt wird als ohnehin schon. Um die eigentlich unmöglich zu gebende Antwort vielleicht doch liefern zu können, gibt es sogar eine kleine, aber feine eigene Berufsgruppe – jene der Zukunftsforscher. Im deutschsprachigen Raum wird sie von der Familie Horx angeführt. Ich habe mich mit Tristan Horx unterhalten. Tristan bezeichnet sich selbst als Junior-Futurist und vertritt die Sichtweise der jungen Trend- und Zukunftsforschung. Seine Themen kreisen um die Generationsfrage (X/Y/Z, Millennials), New Work, Individualisierung,

Lebensstile und Megatrends. Allein schon mit diesen Begriffen tu ich mir persönlich schwer. Aber Tristan ist ein echter Experte auf diesem Gebiet, studierte Kulturanthropologie, schreibt Zeitungskolumnen, produziert Filme, einen Podcast namens „Treffpunkt Zukunft" und lehrt als Dozent Trendforschung an der SRH Hochschule Heidelberg.

Mit Tristan habe ich einerseits darüber gesprochen, wie es so weit kommen konnte, dass wir jetzt in vielen Bereichen so dastehen. Und wir haben gewissermaßen einen Blick in die Glaskugel gewagt. Zum Beispiel zu meiner Meinung nach immer weiter auseinanderklaffenden Schere zwischen Breiten- und Spitzensport. Dabei zeigt Horx gleich ein ganz zentrales Problem auf: *„Der Spitzensport und der Breitensport befinden sich gewissermaßen in einem Streitverhältnis. Das Problem ist, dass der Spitzensport mittlerweile so explizit, abgehoben, gierig und dekadent geworden ist, dass Eltern und Kinder es gar nicht mehr wollen, beziehungsweise nicht für möglich halten, einmal dorthin zu kommen. Allein diese Gedanken tragen zur weiteren Überforderung der Eltern bei. Und ohne den Glauben und die Unterstützung der Eltern funktioniert das Ganze nicht."*

Es steht wohl außer Zweifel, wie wichtig die Rolle des Spitzensports in unserer Gesellschaft ist. Er sollte die Motivation für den Breitensport liefern. Doch das scheint nicht wirklich zu funktionieren, wenn man sich bei einem Sportereignis auf den Zuschauerrängen umsieht. Horx: *„Wer in einem Fußballstadion ist, merkt schnell, dass da irgendetwas falsch gelaufen ist hinsichtlich der Vorbildwirkung. Ich persönlich habe noch selten so viele ungesunde Leute auf einem Haufen gesehen wie zum Beispiel in einem Fußballstadion! Sicher ist das eine Folge davon, dass das, was die Stars da unten auf dem Spielfeld machen, für die meisten einfach unerreichbar wirkt. Die Hemmschwelle Richtung Spitzensport ist riesig groß."*

Aber was muss im Spitzensport anders laufen, um den Breitensport wirklich hilfreich zu befeuern? Wie schaffen wir es, dass die Kinder durch den Sport, den sie im Fernsehen oder im Internet sehen, zum aktiven Sportmachen motiviert werden? Horx fordert mehr Bodenhaftung und mehr Nähe zu den „Normalsterblichen". *„Das Ziel muss sein, den Spitzensport wieder nahbarer zu machen. Das könnte vor allem über die digitalen Kommunikationsplattformen der Sportler passieren. Durch Social Media können Spitzensportler nahbarer werden. Oder durch direkten Kontakt zu den Kindern. Ich kann mich erinnern, dass in meiner Jugend plötzlich David Alaba in einem Park in Wien mitgekickt hat. Plötzlich haben die Kinder und Jugendlichen, die so etwas miterleben, einen ganz anderen Bezug. So bringst du sie dazu, das auch machen zu wollen. Die Sportler müssen weg davon, immer dieses Idealbild auf Plattformen wie Instagram zeichnen zu wollen.*

Man muss nicht immer nur super gut ausschauen. Andere Werte zählen! Der Sport ist eine extrem gute Möglichkeit, um Kindern Träume zu bieten!"

Allerdings stellt sich auch noch eine andere Frage im Zusammenhang mit den Eltern potenzieller Breiten- oder Spitzensportler. Da hat es mir während Corona teilweise die Nackenhaare aufgestellt. Da wurde wild diskutiert und sich beschwert, dass Mütter und Väter viel mehr Zeit mit ihren Kindern verbringen mussten. Da bekommst du Kinder, dein eigenes Fleisch und Blut, was gibt es da Schöneres, als so viel Zeit wie möglich mit ihnen zu verbringen? Natürlich gab es für viele Familien auch sehr belastende Umstände, aber in schicksalhaften Zeiten muss jeder zurückstecken. Ein „Mehr" an Zeit mit den Kindern kann aber nicht zum Super-GAU mutieren. In welcher Gesellschaft leben wir denn, bitte? Das Ganze entwickelt sich in eine Richtung, die ich nur sehr, sehr schwer verstehen kann. Horx sagt zu diesem Thema: *„Die Individualisierung der Eltern ist einfach zu weit gegangen. Die Eltern ranken ihre eigenen Bedürfnisse so hoch wie jene der Kinder. Wir sprechen dabei von einer Überindividualisierung. Man will Kinder, aber keine Kompromisse eingehen. Das ist ein unvermeidbarer Widerspruch. Das individuelle Wohl wird über das Gemeinwohl gestellt. Und das führt zu krassen Verhaltensformen in Sachen Egoismus und Eigensinn."* Kräftig befeuert wird diese Überindividualisierung von den zahllosen Social-Media-Inszenierungen.

„Ich würde zum Beispiel Instagram deshalb in dieser Hinsicht als ein Negativmedium bezeichnen“, meint Horx. Auch die Politik gibt da ebenfalls kein gutes Beispiel ab, jeder macht nur sein Ding, die Länder und Nationen denken ja auch nur an ihre Interessen und sehen nicht das große Ganze.

Das nächste Problem, das der Breitensport hat, ist die finanzielle Entlohnung, denn sie ist im Vergleich zu vielen Bereichen des Spitzensports geradezu lächerlich und verschwindend klein. Horx: *„Die Entlohnungsstruktur ist nicht gegeben. Wenn dir etwas an der Gesellschaft liegt, dann wählst du das Engagement im Breitensport. Wenn es dir ums Geld geht, dann den Spitzensport. Dadurch gehen leider sehr viele mögliche Synergien verloren.“* Das aber heißt, dass sich die Entlohnung fürs Engagement im Breitensport verbessern muss. Mittlerweile ist es so weit gekommen, dass die Eltern den Breitensport auf ihren ohnehin schon gestressten Schultern zu tragen haben. Das ist eine Tragödie, ein Vollversagen der Politik, die keinerlei Unterstützung liefert!

Die Gagen im Spitzensport aber müssen dieses teilweise pervers hohe Level verlassen. Die Leute können mit dieser absolut disproportionalen Entlohnung nichts anfangen und spüren die Abgehobenheit der Sportelite. Nicht von ungefähr antwortete während Corona eine italienische Krankenschwester auf eine Frage eines Reporters: „Ich bekomme 1.500 Euro pro Monat. Cristiano Ronaldo bekommt jeden Monat mehrere Millionen. Fragt doch Cristiano nach einer Lösung für all unsere Probleme!"

Ein nahes Ende der Millionen-Gagen vor allem im Fußball-Bereich sieht Horx aber nicht: *„Da wurde über viele Jahre ein Monster geschaffen. Aussteigen und etwas ändern könnte man nur von innen, könnten also nur die Spieler selbst."* An der Spitze dieser absoluten (finanziellen) Fehlentwicklung steht aber leider die olympische Bewegung. Und da blutet mein Herz bekanntlich ganz besonders stark. *„Olympia war einmal eine kulturelle Universalerfahrung"*, sagt Tristan Horx. *„Mitmachen ist alles, das war das Credo. Das fühlt sich mittlerweile nicht mehr so an!"* Dass da einiges schiefgelaufen ist, zeigt sich daran, dass selbst traditionelle Wintersportländer wie Österreich und Deutschland ihre Bevölkerung nicht mehr überzeugen können, Olympia im eigenen Land haben zu wollen. *„Die Finanz- und Korruptionsskandale haben in der breiten Gesellschaft zu einem massiven Vertrauensverlust in den Spitzensport geführt. Dazu kommen die zahllosen Dopingskandale. Der gesellschaftliche Deal ist gewissermaßen flöten gegangen."* Das müsste eigentlich auch für den Fußball gelten angesichts einer WM-Vergabe nach Katar und vieler, vieler weiterer Korruptionsskandale auf höchster Ebene im Weltverband FIFA und im Europaverband UEFA. Allerdings genießt der Fußball auch hier eine absolute Sonderstellung. Horx sagt über dieses Phänomen: *„FIFA und UEFA können noch so* *ein schrottiges Bild abgeben, Fußball-WM und Fußball-EM, das bekommst du nicht kaputt. Das ist noch immer eine sehr positive globale Form von Brot und Spielen. Da gibt es wahnsinnig tolle, weltzusammenführende Effekte. Und gerade in diesen Wochen und Monaten von Fußball-Großereignissen zeigt sich, dass der Sport und das Essen die zwei universellsten Erfahrungen sind, über die sich Menschen in aller Welt austauschen können.“*

Umso trauriger ist es, wie es so weit kommen konnte, wie dermaßen viel kaputtgemacht werden konnte. Und es bleibt die Grundfrage: Wie kriegt man das hin, dass die Menschen wieder Vertrauen in sportliche Großereignisse, in die großen Sportverbände bekommen? Wie schafft man es, dass man wieder zurück zu den Wurzeln des Sports kommt, wieder die Herzen der Menschen erreicht?

Ansetzen muss man ganz klar mit einer Revolution des Bildungsbereichs. Genau dafür kämpfe ich ja auch mit meiner Felix-Neureuther-Stiftung, denn sie soll den Kids Freude an der Bewegung vermitteln. Allerdings läuft man da größtenteils gegen Betonmauern. Allein bis zum Frühjahr 2020 bin ich fünfmal topmotiviert ins Kultusministerium spaziert und hab dort versucht zu erklären, wie wichtig Bewegung für unsere Kinder ist. Und fünfmal bin ich rausgekommen und hab mich gefühlt wie ein kleiner, gebeutelter Bub. Weil ich das Gefühl hatte, dass sich einfach nichts bewegt. Deshalb schnappte ich für einen Termin beim

Bayerischen Ministerpräsidenten Markus Söder meinen Freund Uli Hoeneß an der Hand und sagte: „Uli, bitte komm mit." Immerhin dürfte da jetzt etwas anrollen. Die tägliche Sportstunde in unser System zu implizieren, scheint jedoch weiter ein Ding der Unmöglichkeit. Aber zumindest gibt es jetzt den Plan, dass sich die Kinder von den 50 Minuten einer Schulstunde immerhin fünf Minuten bewegen „müssen", also eigentlich dürfen! Es kann doch nicht der Sinn der Sache sein, dass die Kinder still dasitzen und ruhig halten müssen, ihnen der Stoff reingeprügelt wird und es keine Chance auf Bewegung gibt!? Tristan Horx meint zu diesen Zuständen: *„Das ist eine Diskussion, die ich noch nie verstanden habe. Es ist doch klar erwiesen, dass die Kinder durch Bewegung in jeder Hinsicht leistungsfähiger werden. Nur leider wirkt hier die Kraft der Fakten anscheinend nicht. Da ist eine politische Blockade drinnen. Es liegt an diesem zähen Schulsystem, in dem wir Kinder weiterhin für einen Arbeitsmarkt ausbilden, den es seit 40 Jahren in dieser Art nicht mehr gibt. Abgesehen davon funktioniert die Talentförderung in den öffentlichen Schulen gar nicht."*

Bei all den negativen Folgen von Corona stellt sich in sämtlichen Bereichen des Lebens auch die Frage: Ist Corona nicht auch eine große Chance? – Wobei Corona noch eine Sache sehr, sehr deutlich gezeigt hat: Mit welchem Risiko wurde da seit vielen Jahren gewirtschaftet, wenn manche Unternehmen nicht einmal einen zweimonatigen Lockdown verkraften!? Also, ich persönlich könnte ja überhaupt nicht gut schlafen, wenn ich wirtschaftlich so am Limit kalkulieren würde. Horx: *„Genau deshalb fordere ich neben Sportbildung auch Zukunftsbildung als verpflichtendes Schulfach! Wie kann es sein, dass manch 80-jährige Unternehmen nicht einmal ein paar Wochen Lockdown überleben? Dabei ist der Mensch eigentlich so, dass er Krisen mag. Mehr Krisenliebe würde uns guttun. Menschen entwickeln sich durch Krisen weiter. Nehmen wir den Teamsport als Beispiel. Da gibt es zehn Rückschläge und am Ende erreichst du dann dein Ziel. Die Menschheit ist durch Krisen immer gewachsen. Es war letztlich die Pest, die das Mittelalter beendete und die Renaissance einläutete. Hier wird jetzt ebenfalls etwas mobilisiert werden, da bin ich mir sicher!"*

Horx sieht also die Chance Corona ebenfalls ganz deutlich. Und er setzt auch viel, viel Hoffnung in die neue Generation, die er sehr treffend als Generation C, also als Generation Corona bezeichnet. *„Die Krise hat die kollektive Entschleunigung beschleunigt. Davor hatte es schon Tendenzen in diese Richtung gegeben. Aber davor hatte man auch das Gefühl, wenn man entschleunigt, wenn man einmal den Pause-Knopf drückt, dann überholen einen die Leute links und rechts wie wild. Der Rest zieht an einem vorbei, im Arbeitsmarkt, in der Bildung, im Sport. Diesmal war's eine kollektive, gemeinsame Erfahrung, man war kein Außenseiter, wenn man eine Pause machte. Wenn du zu Hause festsitzt, dann ist das Spazierengehen oder Joggen plötzlich der Höhepunkt des Tages. Es war eine Rückbesinnung auf* *die Urwerte, eine Kurskorrektur. Corona hat nichts neu erfunden, aber das Augenmerk auf Schwächen des Systems gerichtet. Wirtschaftlich gibt es bereits Tendenzen, zum alten Spiel zurückzukehren. Spannend ist für mich zum Beispiel die Frage, ob die Kultur der Mega-Kreuzfahrten wieder aufersteht. Gibt es weiterhin genügend Idioten, die so etwas machen? Aber ich denke, dass wir auf einem guten Moment sitzen, die richtigen Schlüsse daraus zu ziehen. Die Leute verstehen, dass man nicht wieder zurück in die Steinzeit gehen sollte, dass Qualität statt Quantität zählt.*"

Ich denke auch, dass da draußen so viele coole, junge Menschen herumlaufen. Die trauen sich was, wie zum Beispiel die Bewegung „Fridays For Future" zeigt. Aber ganz provokant gefragt: Wird es eine Generation, die sich von irgendwelchen selbsternannten Influencern sagen lässt, was richtig und wichtig ist, schaffen, die richtigen Lehren zu ziehen? Horx: *„Bei den sogenannten Influencern hat Corona zu einer gewissen Desillusionierung beigetragen. Während Corona wurde es auch bei ihnen immer unrealistischer, dieses perfekte Leben vorzugaukeln. Diese Influencer werden mittlerweile mit viel Häme bedacht. Trotzdem: Es ist ein digital verseuchtes Spannungsfeld, in dem die Jugend aufwächst. Und die Manipulationsmöglichkeit ist natürlich vor allem bei den Kleineren, den Sechs- bis Achtjährigen, die schon ein Handy haben, gegeben. Gleichzeitig ist es aber eine sehr gut informierte, sehr schlaue und weltoffene Generation. Bessere Karten* *für eine weiblichere, gebildetere, weltoffenere Generation gibt's doch nicht. Ich nenne sie die Generation C, die Generation Corona. Corona wird quasi ihr Ur-Trauma sein. Ich setze viel Hoffnung in sie. Da liegt ein Tonus Rebellion in der Luft, ein Zeitalter der Rebellion, wie sich bei Fridays For Future oder Black Lives Matter eindrucksvoll zeigt. Da werden seit 40, 50 Jahren eingefahrene soziale und politische Systeme in Frage gestellt. Weil es einfach nicht mehr geht, weil der gesellschaftliche Deal nicht mehr funktioniert. Und das Potenzial, jetzt etwas zu hinterfragen und auch zu verändern, ist definitiv da. Black Lives Matter war und ist zum Beispiel die größte Sozialbewegung der bisherigen Menschheitsgeschichte! Das wurde nur durchs Internet möglich.*"

Okay, ein klarer Pluspunkt für das Internet und soziale Medien. Aber werden unsere Kinder nicht trotzdem vor allem durch die Digitalisierung vom Sportmachen abgehalten? Nehmen wir allein das Thema E-Sport her. Horx: *„Ein genialer Marketingtrick, dass man das alles überhaupt Sport nennen darf. Sport ist meiner Meinung nach etwas ganz anderes. Das ist Antisport. Man sieht da Leute, die in dieser Szene nach oben kommen, die sich absolut nicht als Vorbilder für unsere Kinder eignen. Die Stars dort sind mehrheitlich keine Leute, die Menschenmassen inspirieren können. Das sind technikaffine, großteils verbitterte Leute, die mit dem Fame, ihrer Berühmtheit, nicht umgehen können. Ich kenn mich in dieser Szene einigermaßen aus und sehe dort* *aktuell eine Art Me-too-Bewegung. Denn da passieren zwischenmenschliche absolute No-Gos. Also auch sozial total fragwürdig.*"

Viele Kinder scheinen es verlernt zu haben, sich auch einmal zu langweilen. Dabei ist Langeweile doch pädagogisch sehr wertvoll. Nach 20 Minuten Langeweile beginnt ein höchst interessanter kreativer Prozess. Irgendwie scheint es so, als würde man stattdessen den schnellen Kick auf dem Smartphone suchen und fördern anstelle des oft langen, harten Weges zum sportlichen Erfolg. Dabei ist es doch so, dass die Zufriedenheit viel, viel größer ist, wenn du lange auf etwas hinarbeitest. Im Sport bekommst du diesen Kick nicht so häufig. Aber wenn du dann da ganz oben stehst, dann ist der Kick einfach gewaltig! Horx: „*Biochemisch und evolutionär sind wir Menschen einfach darauf programmiert, den kürzesten Weg zur Befriedigung zu wählen. Das Smartphone bringt diesen Minikick mit diesen ganzen Handyspielen sehr schnell. Social Media auch. Zum Beispiel durch diese leuchtenden, roten Zahlen, die dir auf Facebook sagen, dass jemand deinen Beitrag geliked hat. Die Aufgabe ist es, diesen Instinkt zu überwinden und lieber fürs Langziel, für den verspäteten, aber länger anhaltenden Kick zu arbeiten. Ein gutes Beispiel ist das im Langstreckenlauf und teilweise auch im Radsport bekannte Runner's High, dieser Laufkick, den du aber nur dann bekommen kannst, wenn du davor zwei bis vier Wochen richtig leidest.*"

Trotzdem täuscht der Eindruck nicht, dass gerade durch Instagram & Co. die sportliche Betätigung und die Gesundheit bei den Kids eine Schlüsselrolle spielt und weiter spielen wird. Schließlich will man ja gut ausschauen, wenn man Fotos von sich postet. Irgendwie seltsam, aber immerhin auch ein Anreiz für Bewegung. Wie sieht Horx die Rolle des Sports in der Zukunft? Ist Gesundheit wirklich nur die Abwesenheit von Krankheit? *„Nein, es ist viel mehr. Und das ist mittlerweile allen klar. Würde ein Arzt quasi dein Gesundheitscoach sein und Geld dafür bekommen, wenn du als Patient einfach nur gesund bleibst, was würde er als erstes verschreiben? Ganz klar: Sport! Er ist die einfachste, zentralste Lösung in Gesundheitsfragen. Auch für die psychische Gesundheit. Social Media machen depressiv, das ist erwiesen. Du hast zwar virtuell 5.000 Freunde, aber das ist weder realistisch noch gesund. Ein wahres soziales Umfeld beschränkt sich im Durchschnitt auf maximal 200 Menschen. Teamsport bildet Gemeinschaften, bringt echte Kontakte. Es bleiben also zwei zentrale Erkenntnisse: Erstens, beim Sport vergisst du nach einer gewissen Zeit dein Smartphone. Und zweitens, Sport ist eine gemeinsame, kollektive Erfahrung.“*

Und wie schaut's mit „meinem“ geliebten Skisport aus? Hat der überhaupt noch eine Chance? Ist es ökologisch vertretbar, in Zukunft Ski fahren gehen zu wollen? *„Der Skisport hat das Problem, als ökologisches Strafkind herangezogen zu werden. Ich sehe aber eine recht einfache Möglichkeit, das*

Ganze leicht umzudrehen, das Image ins Gegenteil zu wandeln. Was man von der Natur nimmt, soll man nicht eins zu eins, sondern deutlich mehr als eins zu eins zurückgeben! Dadurch würde der Imagewandel recht schnell und einfach gelingen. Die Stärke der Seilbahnindustrie ist verrückt. Da wäre es doch wohl kein Problem, 20 Prozent der Umsätze in die Erhaltung der Natur zu stecken. Man kann über den Skisport zeigen, wie schön die Berge sind. Und die Berge und die Natur dadurch gleichzeitig sogar stärken und fördern. So tut man quasi etwas Gutes, wenn man Ski fahren geht, und damit wäre das Ding gedreht. Tut man das hingegen nicht, wird das nicht mehr lange funktionieren, weil die jüngere Generation ganz einfach nicht mehr mitmacht. Das Argument, dass Strukturen zu eingefahren und nicht zu verändern sind, zählt nicht mehr. Denn bei Corona hat man gesehen, dass quasi die ganze Welt innerhalb weniger Tage heruntergefahren werden kann … Wenn es wirklich notwendig ist!"

DIE LÖSUNGSVORSCHLÄGE

- Mehr Grundvertrauen in die neue Generation, die Generation C(orona).
- Mehr Bodenhaftung der Spitzensportler – im persönlichen Umgang mit Kindern, aber auch bei den Gehältern und bei der Selbstinszenierung auf Social Media.
- Stopp der Überindividualisierung – Erwachsene, die Kinder bekommen, müssen auch wieder bereit sein, mehr Kompromisse zum Wohl ihrer Kinder einzugehen.
- Die Entlohnung für ein Engagement im Breitensport muss deutlich höher werden.
- Sport als Medizin ansehen und etablieren – Sport ist die zentralste Lösung in körperlichen und psychischen Gesundheitsfragen.
- Revolution des Bildungssystems – tägliche Sportstunde.
- Der Skisport muss vom ökologischen Strafkind zum Vorreiter in Sachen Nachhaltigkeit werden. Nicht eins zu eins, sondern deutlich mehr als eins zu eins muss der Natur zurückgegeben werden.
- Sportbildung und Zukunftsbildung als verpflichtende Schulfächer.

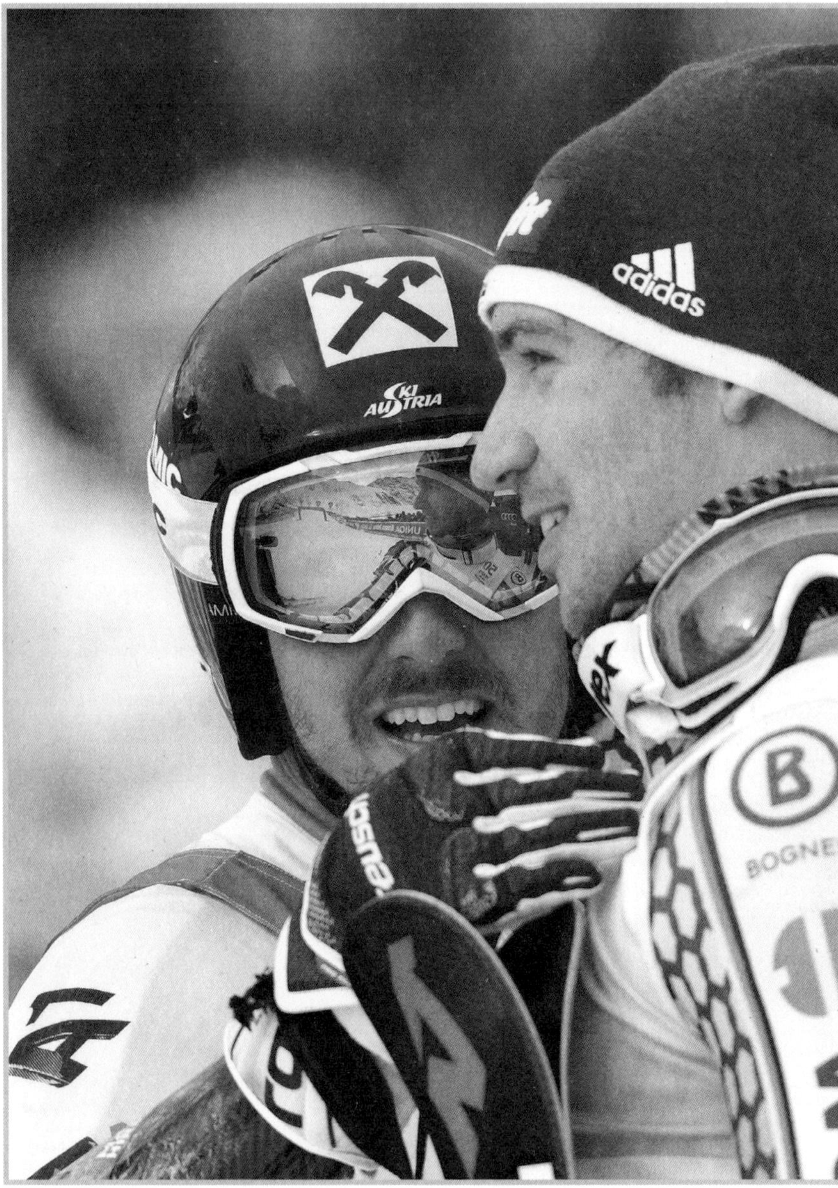

Marcel Hirscher und Felix Neureuther, Konkurrenten und Freunde

DAS OLYMPISCHE TRAUERSPIEL MARCEL HIRSCHER

Marcel Hirscher (* 2. März 1989 in Hallein, Salzburg) ist der erfolgreichste alpine Skirennläufer der Geschichte. Als erster Rennläufer konnte er den Gesamtweltcup – und damit die sogenannte große Kristallkugel – achtmal und obendrein in Serie gewinnen. Weiters gewann er zwölfmal die kleine Kristallkugel in Weltcup-Disziplinenwertungen sowie sieben Weltmeistertitel, zwei olympische Goldmedaillen und 67 Einzelrennen im Alpinen Skiweltcup.

Hirscher galt als extrem ehrgeizig und konsequent. Er war ein unermüdlicher Tüftler auf dem Materialsektor, womit er neue Maßstäbe setzte und auch die Konkurrenz dazu zwang, sich vermehrt mit dem Material zu befassen.

Hirscher lebt zurückgezogen mit seiner Familie im Tennengau und äußert sich nur selten zu aktuellen Themen. Für das vorliegende Buch tat er es gerne.

Für mich ist er der größte Skifahrer aller Zeiten: Marcel Hirscher! Es lässt sich immer herzhaft darüber diskutieren, wer in seiner Sportart der Beste der Geschichte ist. Aber ich habe am eigenen Leib erleben dürfen und müssen, mit welcher maschinenartigen Härte und Disziplin sich selbst gegenüber, gegenüber seinem Team und gegenüber seinen Gegnern Marcel seine Siege, Pokale, Medaillen geholt hat – und das war und ist einfach einzigartig. Kennengelernt hab ich den Kerl, als er 16 Jahre alt war, bei den österreichischen Riesentorlauf-Meisterschaften. Eigentlich hab ich da ja zuerst seinen Vater Ferdinand, den Ferdl, kennengelernt. Denn ich war an diesem Tag einer der Ersten bei der Laufbesichtigung, als plötzlich so ein älterer Typ mit Vollgas durch den Lauf gedonnert ist. „Was ist denn das für ein Irrer!?", hab ich mir gedacht. Ich hab dann herausgefunden, dass das der Hirscher-Papa war, der für seinen Sohn das optimale Material für dieses Rennen herausgetestet hat. Auf diese Idee wäre damals sonst definitiv niemand gekommen! Den Hirschers war es aber immer schon völlig wurscht, was andere darüber gedacht oder gemeint haben. Der Ferdl und der Marcel haben vom ersten Tag an einfach ihr Ding durchgezogen.

Ab diesem Tag war ich einer der wenigen, die die Hirschers nie belächelt haben. Mich haben diese Akribie und die Art, wie Marcel Ski gefahren ist, vom ersten Tag an beeindruckt. Die Geschichte mit dem Papa, da haben doch viele, viele mit den Augen gerollt. Und da hab ich – ganz ehrlich – nie dazugehört. Ich glaube, das hat der Marcel von Anfang an auch gemerkt, und ich glaube, dass das der Grund dafür ist, warum er auch mich immer akzeptiert und respektiert hat. Marcel weiß, dass ich es ehrlich mit ihm meine.

Das Schöne an unserer Freundschaft ist, dass wir uns gegenseitig unterstützen konnten. Ich hab dem „Jungen" wirklich schon recht viel geholfen. Zum Beispiel was Therapeuten betrifft. Ich kann mich noch gut erinnern, wie mich Marcel am

Tag vor dem Weltcuprennen bei mir zu Hause in Garmisch-Partenkirchen recht verzweifelt angerufen hat: „Du, Felix, kennst du da nicht vielleicht einen, der mir helfen kann, mir geht es gar nicht gut!?“ Dann hab ich ihn zu meiner wichtigsten Vertrauensperson im Behandlungsbereich geschickt und am nächsten Tag hat Marcel das Rennen gewonnen. Und ich wurde hinter ihm Zweiter. So muss Rennsport sein, und dieser zweite Platz bekam dadurch einen besonderen Wert.

Warum Marcel so wichtig für unseren Skisport war und weiterhin auch ist? Weil er das Level auf eine komplett neue Stufe gehoben hat. Ich wäre niemals im Leben, niemals, so ein guter Skifahrer geworden, wenn der Marcel nicht dagewesen wäre. Und auch alle anderen Kollegen nicht. Und auch die Generationen nach ihm nicht. Marcel hat den Rennsport auf eine neue Stufe gehoben, nicht nur fahrerisch und menschlich, sondern auch durch sein Umfeld und die totale Fokussierung auf seine Ziele. Jetzt wissen alle, welche Akribie und Intensität es wirklich braucht, um Außergewöhnliches zu leisten. Dazu muss man auch geboren sein, seine Ausschließlichkeit werde ich immer bewundern. Deshalb muss jeder, der es halbwegs ernst mit seiner Karriere meint, sich klarmachen, was hinter all den Siegen und Medaillen steckt und sich bewusst sein, was es heißt, dorthin zu kommen. Ich denke, dass es in all den anderen Sportarten bisher maximal eine Handvoll Sportler gegeben hat, die das Ding mit einer derartig bedingungslosen Arbeit durchgezogen haben.

Mittlerweile sind wir beide in der Ski-Pension, beide Familienväter. Die Leidenschaft für den Sport hat uns aber natürlich beide nicht losgelassen. Seit seinem Rücktritt im September 2019 hat sich Marcel, wie von ihm angekündigt, aus der Öffentlichkeit zurückgezogen. Umso größer ist die Ehre, dass er für mich und für dieses Buch eine Ausnahme gemacht hat. Ich habe mich mit ihm deshalb mit ein bisschen Abstand zu unseren Rücktritten zusammengesetzt, aber wir haben dabei nicht nur über die alten Zeiten geplaudert.

Und gleich beim ersten Thema, den Olympischen Spielen beziehungsweise der absoluten Fehlentwicklung der olympischen Idee, gingen bei uns beiden die Emotionen so richtig hoch. Warum wollen sogar in Orten wie Garmisch oder Innsbruck die Menschen keine Olympischen Spiele mehr in ihren Regionen? Kaum jemand aus den Traditionsorten will sich mehr bewerben. Das darf doch nicht wahr sein! Wenn ich an die Winterspiele 1994 in Lillehammer denke – das waren Bilderbuchspiele, so muss es sein. Da ist in den letzten zwei Jahrzehnten wirklich viel kaputtgegangen.

Wohin uns die jahrelangen Korruptionsskandale bei den Olympia-Vergaben, die Aufblähung von Olympia zu einer einzigen Gelddruckmaschine und die vielen Dopingskandale geführt haben, zeigte sich auch bei unseren letzten Winterspielen in Pyeongchang in Südkorea. Dort erfüllte Marcel seine absolut letzte Mission für seine Jahrhundert-

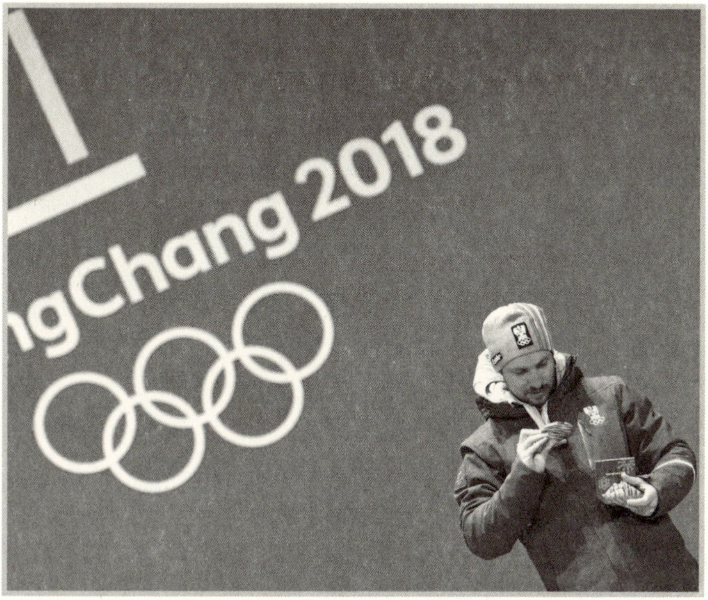

Marcel Hirscher mit der Goldmedaille – Freude und Ernüchterung

Karriere, indem er sich mit Gold in der Kombination und im Riesentorlauf sogar zum Doppel-Olympiasieger krönte. *„Keine Frage, das Gewicht dieser Goldmedaillen in der Öffentlichkeit und die Langlebigkeit von einem Olympiasieg sind definitiv immens. Olympiasieger ist man halt wirklich sein Leben lang. Aber in meiner Karriere als Athlet war Olympia nie schön. An sich ist die olympische Idee mega. Aber so, wie die Spiele derzeit stattfinden, ist es nicht cool"*, resümiert Marcel. Bei der Siegerehrung nach seinem ersten Gold in der Kombi in Südkorea war Marcel sogar zum zweiten Mal in seiner Karriere nach Slalom-WM-Gold 2013 daheim in Schladming so richtig zum Weinen zumute. Diesmal allerdings leider nicht aus Freude. „*Diese Siegerehrung war ein einziges Trauerspiel. Ich war wirklich den Tränen nahe. Ich dachte mir: ‚Das kann's doch jetzt wirklich nicht sein. Hat das damals, als ich daheim im Wohnzimmer gesessen bin, beim Hermann Maier auch so ausgeschaut!?' Es waren vielleicht gerade einmal hundert Leute im Zielraum, die Hälfte davon wahrscheinlich nicht einmal freiwillig, die wurden vielleicht von den Organisatoren dorthin beordert. Die einzigen drei Menschen, die wirklich enthusiastisch waren, waren meine Frau, meine Mama und mein Bruder. Als ich da aufs oberste Treppchen gestiegen bin, musste ich mich wirklich zwingen zu lachen und dachte mir: ‚Marcel, lach, schau freundlich und hab eine Freude. Die Leute daheim verstehen das sonst nicht.'*"

Das Problem der Geschichte beginnt logischerweise bei den Vergaben von Sportveranstaltungen. Marcel: „*Eine Ski-WM in Österreich, eine Nordische WM in Norwegen, eine Fußball-WM in Deutschland – habe die Ehre, da geht's ab! Das sind Emotionen, das ist geil, das hat Power und Kraft.*" Ja, wo sind die Bilder, die die Leute emotional packen? Davon gibt's mittlerweile viel zu wenige. Nur so kann man den Sport wieder cool machen, cool für die Kids präsentieren! Vielleicht muss es eine Art Gütesiegel für potenzielle Austragungsorte von Großereignissen geben. Dann kommen nämlich wirklich nur jene Austragungsorte in Frage, die dafür auch wirklich geeignet sind. Müssen diese wahnsinnigen Infrastrukturmaßnahmen um viele Milliarden Euro wirklich sein? Muss das wirklich sein, dass in ein koreanisches Naturschutzgebiet eine Abfahrt hineingebaut wird? Da hab ich Bauchweh, da steht doch nur noch die Geldgier über allem!

Es können eben nicht überall auf der Welt Olympische Winterspiele oder Fußball-Weltmeisterschaften stattfinden. Da muss man die Großereignisse dorthin vergeben, wo sicher schon 80 Prozent der benötigten Infrastruktur (Stadien, Skilifte, Unterkünfte …) vorhanden sind. Und was die Vergabe von zum Beispiel Olympia betrifft, hätte ich einen relativ einfach umzusetzenden Vorschlag: Von einem neutralen Gremium werden Olympiabewerber bestimmt, die besonders auch nach den verschiedenen Themen der Nachhaltigkeit ausgewählt wurden. Danach hat jede Nation je nach ihrer Größe eine Anzahl an Stimmrechten. Diese verteilen sich auch auf die einzelnen Sportarten, wie Ski, Eishockey, Eiskunstlaufen usw. Jeder Fachverband einer Nation kann dann Punkte für die verschiedenen Bewerbungsorte geben, z. B. Innsbruck drei Punkte, Garmisch zwei Punkte, Mailand ein Punkt. Und so wählt jede Olympia-Sportart jeder Nation ihren Favoriten. Und am Ende gewinnt der Bewerber, der die meisten Stimmen hat. Der Effekt: nicht sportfremde Funktionäre, sondern die Sportarten selbst entscheiden über den Austragungsort!

Was die ganze Olympia-Sache noch kurioser macht, ist die Tatsache, dass die Rahmenbedingungen für die Athleten vor Ort bei Weitem nicht mit dieser Milliarden-Dollar-Jagd des IOC und der Veranstalter Schritt halten und zusammenpassen. Marcel hat da zum Beispiel in Südkorea bei der Quartierwahl unglaubliche Dinge erlebt und einen Spießrutenlauf machen müssen, bis er eine halbwegs passende Unterkunft beziehen konnte. *„Unpackbar, schockierend! Was Unterbringung, Trainingsmöglichkeiten, Rahmenbedingungen betrifft, ist Olympia absolut nicht des Profisports würdig! Kein Weltcup-Rennen der Welt würde unter solchen Rahmenbedingungen ausgetragen werden. Mir ist es da nie um Luxus, drei Badezimmer und Schnickschnack gegangen. Aber ein sportlerwürdiges Essen und ein normales Bett zum Schlafen sollten für Profisportler schon drinnen sein."*

Eines haben wir auf jeden Fall beide gelernt: Bei den Olympischen Spielen stehen de facto nicht die Sportler im Mittelpunkt oder an erster Stelle, sondern die Funktionäre des Internationalen Olympischen Komitees (IOC). Und das sagt uns ja leider alles. Traurig, was aus der olympischen Idee seit Pierre de Coubertin geworden ist!

Wobei die Bezeichnung Profisportler bei dem einen oder anderen Olympiateilnehmer nicht ganz treffend ist. Klar geht es nach wie vor auch um den Grundsatz „Dabeisein ist alles", aber manche Dinge kritisiert Marcel völlig zurecht. *„Also, ich persönlich bin nicht zu Olympia gefahren, um nur meine Gaudi zu haben"*, erinnert sich Marcel. *„Ich bin dort hingereist, um meine Mission für Österreich und für* *mich zu erfüllen. Der eine oder andere kann nach seiner Karriere sicher die lustigeren Geschichten als ich erzählen, aber für mich zählen die Medaillen. Und bei manchem wundert es mich nicht, wenn der Steuerzahler dann über Olympiatouristen schimpft, für die viel Geld ausgegeben wird. Dieses Wort Olympiatourismus hat schon durchaus seine Berechtigung. Wenn ich zu Olympia fahre, bin ich ja auf keinem Ferienlager!"*

Dass das allgemeine Interesse an Großereignissen wie Olympia nachlässt, ist für Marcel aber auch eine ganz logische Folge des heutigen Überangebots. *„Unsere Zeit ist einer verrückten, unvorstellbaren Schnelllebigkeit ausgesetzt. Und es gibt mittlerweile eine derartige Fülle an Veranstaltungen, zu denen man aber nicht einmal hingehen muss, um sie zu sehen, weil sie ja eh alle online übertragen werden. Früher war es ja fast eine Pflicht, sich Olympia anzuschauen. Das musste man sehen. Damals waren die Dichte und die Fülle an Möglichkeiten, nicht zuletzt, weil es das Internet noch gar nicht gab, bei Weitem nicht so gegeben. Heute ist das alles kein großes Ding mehr, geht vieles in der Masse ein bisschen unter und verliert dadurch an Wert. Es ist echt krass, die Leute tanzen auf hundert Hochzeiten gleichzeitig. Du kannst zum Beispiel in Österreich locker jederzeit surfen gehen. Das zeigt doch, wie viele Möglichkeiten sportbegeisterte Leute heutzutage haben. Früher war das Skifahren DIE Möglichkeit des Sports im Winter, heute gibt es andere Möglichkeiten Ende nie."*

Beim Ski-Weltcup haben Marcel und ich eine ganz klare Meinung: weniger ist mehr. Ich bin für Slalom, Riesentorlauf, Abfahrt und vielleicht noch Super-G. Slalom: Wer hat den schnellsten kurzen Schwung? Riesentorlauf: Wer hat den schnellsten langen Schwung? Und Abfahrt: Wer kommt am schnellsten den Berg hinunter. Damit sind wir bei der Grundessenz des Skirennsports! Und die Erfahrung zeigt uns: Die Sportarten, die am wenigsten verändert werden, sind meistens auch die populärsten.

Ich glaube, dass das System im Allgemeinen so aufgebläht wurde, dass auch für die Fans und Betrachter von außen eine Blase entstanden ist. Es gibt mittlerweile eine derartige Fülle an Skirennen, dass die Wertigkeit der einzelnen Bewerbe stark leidet. Corona ist eine einmalige Chance, das System zu überdenken, zu entschleunigen, neu zu ordnen und damit die Zukunft des Skisports zu sichern: seitens der FIS, seitens der Veranstalter. Auch Marcel sagt: *„Muss das sein, vor 20 Leuten in Lake Louise zu fahren? Man sollte sich auf die Orte konzentrieren, in denen die Begeisterung und die Emotionen für diesen Sport vorhanden sind. Rennen, bei denen so gut wie keine Zuschauer vor Ort sind, gehören weg, raus aus dem Kalender. Man sollte den Weltcup komprimieren. Der vollgefüllte Rennkalender frisst die Athleten ja sowieso buchstäblich auf.“* Das gilt also nicht nur für die Wahl der Orte, sondern auch für die Disziplinen. *„Die Leute kennen sich aufgrund dieser Fülle an Disziplinen gar nicht mehr aus!“* Unsere Vorstellung für die

Zukunft ist klar: die drei Kerndisziplinen Abfahrt, Slalom, Riesentorlauf und vielleicht noch dazu den Super-G. Wobei man beim Super-G beachten sollte, was das Wort Super-G im ursprünglichen Sinn bedeutet, nämlich Super-Giantslalom, also Super-Riesentorlauf! Marcel: *„Und davon sind wir mittlerweile meilenweit entfernt. Wenn irgendwo eine Abfahrt und ein Super-G gefahren werden, dann ist das quasi eine Doppelabfahrt. Ein richtiger Super-G sollte ein Super-G sein, sonst zerstörst du diese Disziplin. Ich weiß natürlich, dass die Abfahrer das anders sehen als ich."*

Bei der Durchführung der Rennen hat Marcel einen äußerst interessanten Ansatz. Er würde, wenn es die örtlichen Gegebenheiten zulassen, jede Weltcup-Station wie ein Weltcup-Finale aufziehen. Das heißt: Rennen in allen Disziplinen, reduziertes Starterfeld (25!), Damen und Herren an einem Ort. Die Reduzierung auf ein Startfeld von 25 Läufern wäre natürlich ein einschneidender Schritt, der allerdings die teilweise extrem langatmigen Rennen drastisch verkürzen würde. Kurz und knackig wär's dann! Dadurch würde auch die Liga darunter, also derzeit der Europacup, deutlich aufgewertet werden. Die Europacup-Rennen wären hochklassig besetzt und würden als Qualifikation für den Weltcup-Topbewerb dienen. Damen und Herren an einem Ort hätten nicht zuletzt einen wichtigen Effekt. An den „Technik"-Tagen (Slalom, Riesentorlauf) würde in der Pause zwischen den Durchgängen immer das andere Geschlecht fahren. So wäre für die Fans die meistens eher langweilige Warterei weg und es ginge auch da Schlag auf Schlag. Marcel: *„Die jetzigen Formate sind mit ihren Längen einfach ermüdend. 25 Starter, mehr gibt's nicht. Knackig, komprimiert, eine coole Veranstaltung. Und hinten nach ein Konzert. Da würde sicher keine Langeweile mehr aufkommen."*

Marcels Meinung zur Kombination, die ja seit vielen Jahren schwer angeschlagen in den Seilen hängt? *„So, wie das Niveau derzeit ist, ist es uninteressant, eine Farce."* Und die Parallel-Bewerbe? *„Die Entwicklung dieses Bewerbs geht leider in die Richtung, dass der technische Anspruch minimal ist. Und das ist schwer zu hinterfragen, das ist der komplett falsche Weg. Wenn du einen kleinen Fehler machst, hast du schon verloren. Auch gegen Leute, die in einem normalen Riesentorlauf oder Slalom wahrscheinlich keine Chance gegen dich hätten."*

Wo bei mir die Alarmglocken schrillen, ist die Tatsache, dass im Weltcup immer mehr die Typen fehlen. Als ich schon zu den Älteren im Team gehörte, tat ich mir da teilweise sehr schwer mit der neuen Generation. Die Jungen hocken mit dem Handy herum und gehen danach ins Zimmer. Man hat keine Gaudi mehr zusammen. Auch zu diesem Thema, zum Thema „Typen", hat Marcel einiges zu erzählen. Er spricht aus eigener Erfahrung: *„Die Wahrheit ist doch, dass die heutigen Systeme gar keine Typen mehr zulassen. Null! Wie viel ist denn von mir als Typ übrig geblieben? Jeder, der mich vor meinem Sprung in den Weltcup kannte,* *weiß, wie ich eigentlich war. Goschert zum Beispiel, unbekümmert, immer eine Gaudi gehabt. Das ist alles verloren gegangen, kaputt geworden. Da waren die öffentlichen Aussagen doch nur mehr bedacht, es ging nur darum, ja keinen Fehler zu machen oder irgendjemandem zu nahe zu treten. Da sind so viele verschiedene Interessen im Spiel: Intrigen, Machtspiele, Sportler als Spielbälle. Ich war teilweise mehr Politiker als Mensch bei meinen Aussagen – eigentlich zum Kotzen. Was ich für Kleinkriege ausgefochten habe! Und alle müssen dieselbe Haube aufsetzen und so weiter. Wo ist denn die Selbstbestimmtheit geblieben? Das hat mich so genervt, dass ich eigentlich schon nach meinem ersten Sieg im Gesamt-Weltcup aufhören wollte. Trotz meiner unglaublichen Leidenschaft fürs Rennfahren hatte ich da keinen Bock mehr. Wenn mich jemand fragt, ob ich im Nachhinein bereue, diese Spielchen alle mitgemacht zu haben: Nein, weil ich einfach viel auf der Habenseite habe. Und weil man irgendwann resigniert, keinen Bock mehr hat, gegen Windmühlen anzukämpfen. Aber für mein inneres Wohl war es definitiv nicht.“*

Ewig schade, denn wo sind die Heldengeschichten von früher? Vom Maurer zum Olympiasieger wie Hermann Maier! Oder von der Alm zum Gesamt-Weltcup-Champion wie Marcel Hirscher! Solche Geschichten und Typen lieben die Menschen! Das scheint eben aus vielerlei Gründen heutzutage schwierig zu sein. Nicht zuletzt auch aus finanziellen. Denn wer kann es sich schon leisten und vor allem wer möchte das, mit seinen Kindern im Juni oder Juli wochenlang auf dem Gletscher zu trainieren? Sich bei 20 Grad plus um fünf Uhr früh bei der Gletschertalstation anstellen, um dann auf 4.000 Meter Höhe fünf Kurven zu fahren! Das hat doch mit Skifahren nichts zu tun. Noch dazu, wenn man heutzutage als irgendein Blogger oder Influencer-Vogel mehr verdient als ein echt guter Nachwuchssportler. Wir müssen wirklich aufpassen, dass die Leute nicht sagen: „Ich bin doch nicht wahnsinnig und will Profisportler werden, das ist ja eine finanzielle Vollkatastrophe!"

„Das wirkliche große, echte Talent wird es immer schaffen", ist sich Marcel sicher. *„Auch wenn es – das Talent – nur die Hälfte der Skitage von den anderen hat. In der Formel 1 ist es ja schon lange so, dass man meistens viel, viel Geld braucht, um eines Tages in einem erfolgsversprechenden Auto zu sitzen. So weit ist es beim Skifahren noch nicht gekommen. Aber das Level an Professionalität hat mittlerweile auch im Skisport ein unbeschreibliches Ausmaß angenommen. Und daran bin ja nicht zuletzt auch ich schuld."* Wahre, ehrliche Worte von Marcel, der mit seinem Team ja punkto Training und Materialtüftelei fast schon exzessiv wirklich nichts dem Zufall überlassen hat. *„Und diese Tendenz setzt sich mittlerweile bis nach unten durch. Das ist ein beinharter Profisport geworden. Wie beim Turnen, Eislaufen oder Fußball geht's spätestens ab dem Alter von zehn Jahren voll zur Sache. Wobei: Bei mir war's auch nicht anders. Teilweise denk ich mir aber: ‚Wie weit hat's eigentlich*

runter geschneit!?' Teilweise ist da bei der Ausrüstung von einem zehnjährigen Burschen kein Unterschied mehr zu uns Weltklasseleuten zu erkennen. Die fahren sogar schon mit eigenen Kopfsponsoren herum!" Apropos: In Österreich wird ja schnell dem einen oder anderen Talent das Mascherl „der neue Hirscher" umgehängt. Und die Eltern sagen das sogar vor laufender Kamera im Fernsehen. Das ist doch ein Wahnsinn, sagt einmal, spinnt ihr!? Das ist doch ein grausames, sozialpädagogisches Versuchsprojekt, die armen Kinder!

Auch bei der sportlichen Ausbildung der Talente ortet Marcel teilweise haarsträubende Fehler im Training: *„Wenn ich sehe, was die Jugendlichen da unter Aufsicht eines ‚Fachpersonals' für Übungen machen, immer nur Stangen fahren und mit 100 Kilogramm Gewicht auf der Schulter Kniebeugen machen – was ist das für ein Blödsinn? Kein Wunder, dass die Leute mit 18, 19 Jahren Bandscheibenvorfälle haben. Die, die es vorzeigen, wissen leider oft selbst nicht, wie es richtig geht. Da denk ich mir als Papa schon: Sind da unsere Kinder wirklich gut aufgehoben?"*

Marcel und ich haben nicht überall nur Gemeinsamkeiten. Ich weiß, dass Marcel früher sehr gerne am Computer zockte, FIFA, Rallye-, Autospiele … Aber auch für ihn steht beim Thema Zocken und E-Sport fest: *„Das ist ein Zeitvertreib, aber das ist sicher kein Sport. Im moderaten Maß ist das heutzutage nicht mehr wegzudenken und es spricht auch absolut nichts dagegen. Aber es muss so laufen:*

zwei Stunden draußen Fußball spielen und dann daheim von mir aus eine halbe Stunde Playstation. Und nicht umgekehrt! Die Balance muss stimmen. Denn die Zahl der Minuten, die sich jedes Kind pro Tag bewegt, ist mittlerweile wirklich alarmierend. Keine Stunde! Das beschäftigt mich wirklich sehr. Und wenn so etwas wie E-Sport jemals olympisch werden sollte, dann hab ich den Glauben in das Ganze sowieso endgültig verloren." Für mich ist noch ein anderer Aspekt problematisch: In Marcels Generation begann man erst im Alter von 14, 15, 16 Jahren mit dem Computerspielen. Zocken quasi als Ausgleich zum Sport, zum Beruf. Mittlerweile spielen aber schon die Achtjährigen wie verrückt. Und die haben halt leider nicht das Gespür, wann es genug ist, und verlieren durchs Zocken vielleicht sogar die Lust auf andere Dinge, wie etwa das echte Fußballtraining im realen Leben.

Irgendwie hätte ich ja Bock, gemeinsam mit Marcel etwas zu bewegen. Etwa in der FIS. Schaut euch doch zum Beispiel Bayern München an. Da sitzen an den wichtigsten Positionen ehemalige Bayern-Spieler, die allesamt Weltklasse als Fußballer waren: Franz Beckenbauer, Uli Hoeneß, Karl-Heinz Rummenigge, Oliver Kahn, Hasan Salihamidžić und so weiter. Und genau das ist eines der Erfolgsgeheimnisse der Bayern, da bin ich mir ganz, ganz sicher. Die kennen den Fußball in- und auswendig, die kennen die Bayern in- und auswendig. Die können etwas bewegen. Warum finden bei der FIS keine beziehungsweise fast keine aktiven Athleten und Ex-Athleten Gehör? Warum sitzen da keine Hochkaräter aus der Athletenszene in den wichtigsten Gremien? Es kann doch nicht sein, dass teilweise völlig Ahnungslose im FIS-Vorstand über die Zukunft unseres Sports entscheiden, was Disziplinen, Rennkalender, Material, Sicherheit betrifft. Von den 18 Leuten im obersten FIS-Gremium haben Peter Schröcksnadel, Michel Vion und Urs Lehmann (die Verbandspräsidenten Österreichs, Frankreichs und der Schweiz, Anm.) und vielleicht noch der Norweger eine Ahnung vom alpinen Skirennsport! 90 Prozent der Leute da drinnen sind also völlig ahnungslos. Das ist dramatisch, das gehört gekippt. Diese Leute können ja trotzdem eine Funktion haben, aber doch nicht über einen Sport entscheiden, der sie in Wahrheit gar nicht interessiert! Das zweite Problem in diesen Gremien: Viele Leute da drinnen handeln aus reinem Interesse für ihren eigenen Verband und nicht im Sinne des Sports. Das ist dort leider definitiv der Fall.

Ich habe da ein bisschen Schiss, dass der Skisport draufgeht. Wenn das so weitergeht, wird's nämlich in spätestens fünf Jahren schwierig. Also, wie wär's, Marcel!? Ich glaube, dass wir ein wirklich gutes Team wären, um im Skisport etwas zu bewegen. Ich bin ja eher der Lockere, der Menschen begeistern kann. Und der Marcel würde dazu diesen bedingungslosen Willen und die Ernsthaftigkeit reinbringen. Das wäre ein Mix, der viel voranbringen könnte, davon bin ich fest überzeugt.

- Um die olympische Idee nicht weiter zu zerstören, muss bei der Vergabe der Spiele begonnen werden. Entwicklung eines Gütesiegels für Austragungsorte, damit sichergestellt wird, dass die Veranstaltungen nur dorthin vergeben werden können, wo sie auch wirklich hingehören.
- Ski-Weltcup-Veranstaltungen nach dem Vorbild von Weltcup-Finali: Damen und Herren an einem Ort, alle Disziplinen (Slalom, Riesentorlauf, Abfahrt und eventuell Super-G) mit einem Starterfeld von maximal 25 Läufern.
- Komprimierung des Weltcup-Kalenders: Rennen nur dort, wo Begeisterung und Emotionen erzeugt werden können. Weniger Rennen, auch um die Gesundheit der Sportler zu schützen.
- Qualifiziertes Trainerpersonal für die Ausbildung der Talente, um falschem Training und Verletzungen vorzubeugen.
- Vorbild Bayern München: Auch im Skiweltverband FIS müssen aktive und ehemals aktive Stars in den obersten Ebenen mitentscheiden.
- Das Sportsystem muss wieder echte Typen erlauben mit Ecken und Kanten. Sie werden viel zu oft zum Spielball von Interessen.
- Moderates Computerzocken für die Kids: zwei Stunden echter Sport (zum Beispiel Fußball spielen), zum Ausgleich eine halbe Stunde am Computer.

EIN PROBLEM OHNE GRENZEN
PETER SCHRÖCKSNADEL

Peter Schröcksnadel (* 30. Juli 1941 in Innsbruck) ist seit 1990 Präsident des Österreichischen Skiverbandes (ÖSV) und hat seitdem aus einem damals finanziell angeschlagenen Verein ein erfolgreiches Unternehmen gemacht. Er gilt als Visionär und als Persönlichkeit, die sagt, was sie denkt. Mit seinen ungeschminkten und daher oft auch umstrittenen Aussagen sorgte er immer wieder für Kontroversen.

Neben seinem Engagement für den Sport ist der Tiroler ein äußerst erfolgreicher Unternehmer. Zu seinen Unternehmen zählen Beteiligungen an Bergbahnen und Anbieter für Tourismusinfrastruktur. Die Feratel Media Technologies GmbH ist einer der weltweit führenden Entwickler und Anbieter touristischer Informationssysteme.

Schröcksnadel ist auch Mitglied im Vorstand des internationalen Skiverbandes (FIS) und Vizepräsident des Österreichischen Olympischen Comités (ÖOC).

Ein Problem, das keine Grenzen kennt. Damit ist ausnahmsweise nicht Corona gemeint. Denn das Problem, das ich meine, ist schon viel, viel älter und mindestens genauso hartnäckig wie Corona. Es heißt: Sport und Schule. Ein Debakel, eine Bankrotterklärung, ein Drama! Ein Thema, bei dem ich so richtig heiß laufe. Seit vielen Jahren versuche ich ja, in dieser Richtung etwas weiterzubekommen. Mit „Beweg dich schlau“ will ich Optionen für Kindergartenkinder liefern,

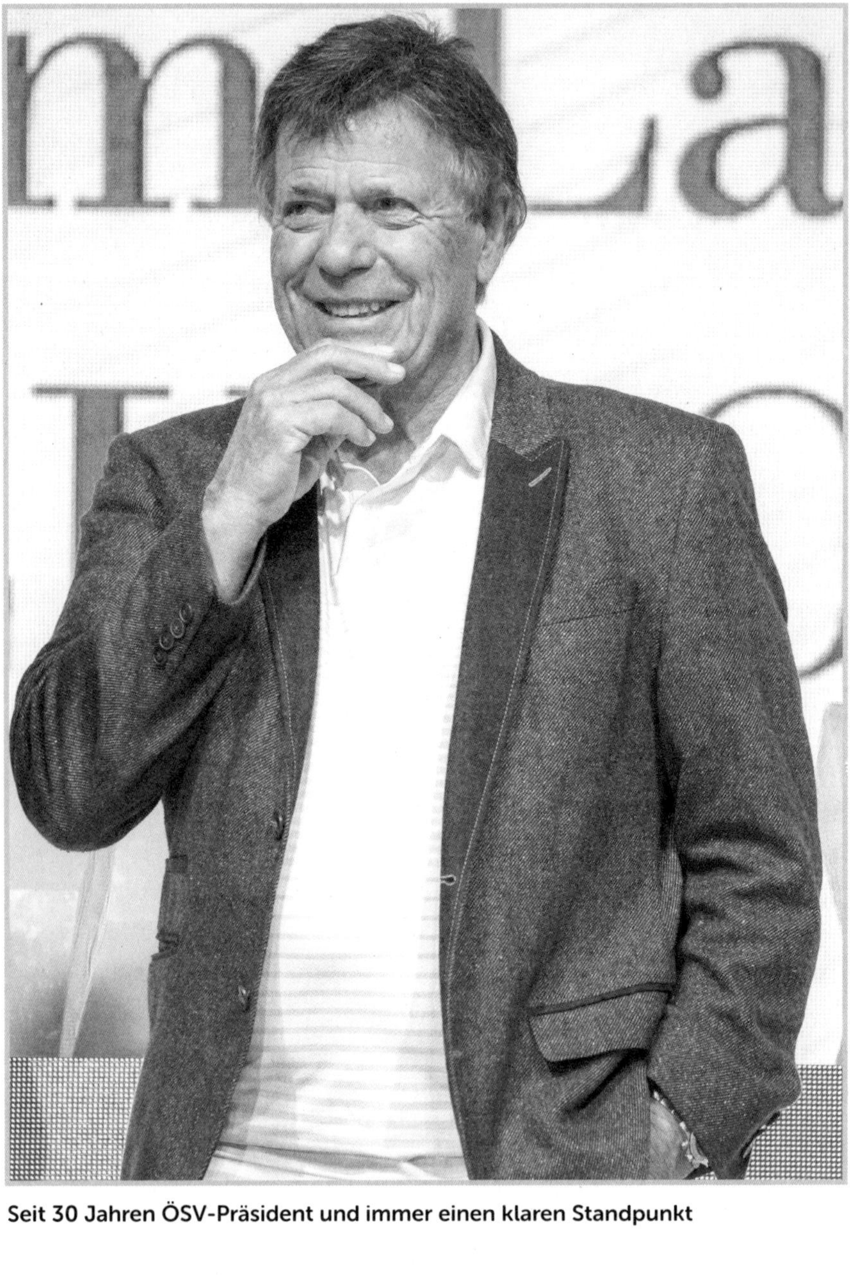

Seit 30 Jahren ÖSV-Präsident und immer einen klaren Standpunkt

mit der TU München habe ich Übungen entwickelt, mit denen Kinder durch Bewegung Rechnen lernen. Und wenn ich höre, dass für die Digitalisierung der Schulen in Bayern 800 Millionen Euro ausgegeben werden und für ein Bewegungs- und Sportprogramm sind es 80.000 Euro, dann stellt sich mir zwangsläufig die Frage: ‚Wollt ihr uns verarschen?!'

Mich bewegt dieses Thema wirklich schon lange, weil ich unbedingt dafür sorgen will, weil ich mithelfen will, dass sich die Kinder – und das vor allem in den Schulen – mehr bewegen. Mir wurde bei meinen Bemühungen natürlich schnell klar, dass man bei diesem Thema die Politik einbinden muss, sie für dieses Thema begeistern muss. So kam eines zum anderen, und eines Tages bin ich dann wirklich im Kultusministerium gesessen. Und zwar mit der Vision, dass wir eine Bewegungsstunde pro Tag in den Schulen durchsetzen. Dabei war und ist es mir völlig egal, ob das mein Programm oder das von jemand anderem ist. Die Kinder sollen sich einfach bewegen! Als Familienvater ist diese Notwendigkeit für mich jetzt noch augenscheinlicher geworden. Denn ich möchte meine Kinder einfach nur ungern in ein System hineinschicken, wo sie sieben, acht Stunden nur auf ihrem Hintern sitzen und die Bewegung komplett zu kurz kommt. Ich glaube, die Politik ist sich dessen gar nicht bewusst, was für eine Verantwortung sie trägt.

Als ich mein Bewegungsprogramm im Kultusministerium vorstellte, waren zwei der Beteiligten schnell auf meiner Seite.

Die restlichen fünf, sechs, das waren Zweifler. Die wollten eher ihre eingefahrenen und bekannten Programme weiterführen als sich für Neues zu öffnen. Ist ja auch einfacher! Und daran scheitern leider Fortschritte, die unsere Kinder so dringend benötigen, um körperlich und geistig fitter zu werden und die Herausforderungen unserer Zeit meistern zu können. Warum ist das so unglaublich schwer? Warum haben sie sogar Angst davor? Weil der Schuss ja vielleicht auch nach hinten losgehen könnte? Das wäre in diesem Fall unmöglich, da hinter meinen BDS-Programmen die TU-München steht, die das alles ja mitentwickelt hat. Aber da machen sie lieber weiter alles wie immer, damit sie auch weiter auf ihren Stühlen sitzen können. Genau das ist leider unser politisches System. Da sind viel zu viele drinnen, die nichts bewegen wollen! Und da krieg ich die Oberkrise, weil ich es als Sportler einfach ganz anders kenne. Genauso war es noch viele weitere Male im Kultusministerium: top motiviert rein, desillusioniert und mit einer Watschn raus. Irgendwann hab ich dann kapiert, dass so nichts weitergeht. Und das ist wirklich traurig. Denn erst, als ich es über die höchste Instanz probierte, also mit Ministerpräsident Markus Söder, wurden erste Schritte möglich. Erst mit Söder und auch der Unterstützung von „Mr. Bayern München", Uli Hoeneß, kam Bewegung in die Sache. Ist das nicht unglaublich schade und traurig? Denn es gibt auf der Welt so viele coole Leute mit Ideen und Visionen, die aber leider nicht einmal ansatzweise die Möglichkeit haben, in dieses System einzugreifen. Da stell ich mir die Frage:

Wie soll unsere Gesellschaft Visionen à la Arnold Schwarzenegger haben, wenn die Menschen andauernd erfahren müssen, dass sie null verändern können? Logisch, dass die Menschen lernen, dass eigentlich jeder nur auf sich schauen kann. Und damit sind wir beim Thema Egoismus, der ja in unserer Gesellschaft heute weit verbreitet ist. Der aber kommt nicht von irgendwo, sondern hat seinen Ursprung und seine Gründe. In den USA ist das nach wie vor ein bisschen anders, da gibt es dieses Prinzip „Vom Tellerwäscher zum Millionär" schon noch. Diese Träume werden bei uns vom politischen System leider komplett im Keim erstickt.

Immerhin konnten wir von unserem Vorhaben mittlerweile einen klitzekleinen Minibruchteil umsetzen. In ein paar Pilotschulen wird es jetzt verpflichtende Bewegungsminuten geben. Und in zwei Jahren, wenn die Leute merken, was Bewegung auch fürs Hirnkastl der Kinder bewirkt, soll das Ganze dann ausgeweitet werden.

Für dieses Buch wollte ich mich unbedingt auch länger mit Peter Schröcksnadel unterhalten. Eigentlich hatte ich ja vor, mit Schröcksi, der seit 1990 (!) Österreichs Skiverband leitet und diesen zu einer grandiosen Erfolgsserie geführt hat, vor allem über den Skisport zu plaudern. Schröcksnadel kam aber an diesem Tag gerade von einem Termin mit Österreichs Bildungsminister Heinz Faßmann. Denn wie in Deutschland schrillen auch in Österreich die Alarmglocken. Schröcksnadel: *„Die Kinder können teilweise nicht einmal* *rückwärtsgehen, geschweige denn einen Purzelbaum machen. Wie sollen die denn da überhaupt auf die Idee kommen, Ski fahren zu gehen!? Das ist dramatisch!"* Da läuft man bei mir offene Türen ein! Und das war die Geburtsstunde unserer Idee, dass Österreich und Deutschland die Kräfte bündeln müssen, um beim Thema Sport und Bewegung in der Schule endlich entscheidende Dinge weiterzukriegen. Denn die Probleme in beiden Ländern sind quasi identisch. Deshalb werden ab sofort Schröcksi und ich gemeinsam und staatenübergreifend an einem Strang ziehen!

Auch Schröcksnadel weiß: *„Das ist der Zeitgeist von heute. Damals hatten die Kinder halt nicht diese Vielzahl an Möglichkeiten, an Spielsachen, an Freizeitangeboten. Und die Eltern müssen sensibilisiert werden! Wenn sich die Kinder auf dem Computer bekämpfen und abschießen, dann hindert es sie auch daran, wirklichen Sport zu machen. Und die Eltern sind oft nur froh, weil sie ihre Ruhe haben. Dabei ist es doch unheimlich wichtig, dass sich Kinder anstrengen, um etwas zu erreichen, dass sie schwitzen, sich konzentrieren und auch lernen, mit Niederlagen umzugehen. Das alles lehrt sie der Sport, der echte Sport."*

Schröcksnadels Ansatz, um in den Schulen etwas weiterzubekommen, klingt erfolgversprechend: *„In jedem kleinsten Ort gibt es mit Sicherheit einen Verein, einen Sportverein. Und genau diese Vereine müssen wir mit den Schulen zusammenspannen. Es müssen die rechtlichen Grundlagen* *geschaffen werden, damit Vereinstrainer mit den Schulkindern arbeiten können.*" Super Sache! Ich bin allerdings ein gebranntes Kind, muss ich gestehen. Es ist einfach unglaublich, unendlich mühsam und schwierig, in diesem eingefahrenen Schulsystem etwas zu verändern. Ich hatte zum Beispiel bereits von Markus Söder die Zusage für 2,5 Millionen Euro, um ein Pilotprojekt zu starten. Das passte aber dem Bayerischen Kultusministerium nicht, weil man diese Idee für die eigene Partei und nicht für die andere beanspruchen möchte. In Wahrheit ein reines parteipolitisches Hickhack, überhaupt kein Miteinander – und das alles auf Kosten der Gesundheit unserer Kinder. Auch eine große Versicherungsgesellschaft möchte da richtig viel Geld in die Hand nehmen, denn die wissen um die Krankheitsbilder, die es bei den jetzigen Kindern in 20 Jahren geben wird. Aber auch dieses Engagement ist aus rechtlichen Gründen nicht möglich. Ich befürchte, wenn das so weitergeht, dann wird es in 20, 30 Jahren einen gesundheitlichen Super-GAU geben!

Schröcksi ist da ein echtes Vorbild für mich, was es heißt, dranzubleiben und nicht aufzugeben, wenn man etwas erreichen möchte. Obwohl er ein, zwei Jährchen älter ist als ich, hat er nach wie vor Elan und Pfeffer wie ein Jungspund. *„Weißt du, Felix, auch ich hab mir schon öfter gedacht: ‚Da stichst du mit deinem Finger in einen Ballon rein, dann ziehst du ihn wieder raus, und es ist alles beim Alten, komplett unverändert.' Das kann schon frustrierend* *sein. Aber wenn du irgendwann den ganzen Polster haben möchtest, dann musst du einmal anfangen, zitzerlweise an einem Eck des Polsters zu ziehen. Du darfst nicht immer gleich alles wollen, das funktioniert nicht, schon gar nicht in der Politik. Wir fangen in Österreich jetzt einmal in den Kindergärten und Volksschulen an. Dafür haben wir grünes Licht von höchster politischer Ebene. Und das wird uns einen schönen Schritt weiterbringen.“*

Aber jetzt zum Skirennsport! Österreich ist ja bekannt dafür, Ski-Superstars fast wie am Fließband zu produzieren. Toni Sailer, Karl Schranz, Annemarie Moser-Pröll, Franz Klammer, Hermann Maier, Renate Götschl, Michaela Dorfmeister, Stephan Eberharter, Benjamin Raich, Marcel Hirscher … Eine Liste, die man noch lange fortsetzen könnte. Einer der Hauptgründe dafür ist natürlich die Stellung des Skirennsports in Österreich: Er ist schlicht und ergreifend Nationalsport. Dadurch hatten die Skischulen, Skivereine, Skiakademien immer regen Zustrom. Das war auch in Deutschland so. Als ich noch ein kleiner Bub war, bin ich bei den Kinderrennen manchmal mit einer Startnummer über 200 gefahren. Die Zahlen gehen aber deutlich zurück. Wird es schön langsam auch für die Österreicher schwierig, starken Nachwuchs zu liefern? *„Im Kinderbereich geht es eigentlich noch“*, sagt Schröcksnadel. *„Da sind bei den Kids-Cup-Rennen teilweise 300 Kinder am Start. Nach dem Kinderbereich fallen dann aber sicher 20, 30 Prozent weg. Bei Mädchen ist die Ausfallsrate noch viel* *höher als bei Buben."* Fortgehen, Handy, Computer, einfach andere Interessen sind da natürlich die Gründe, warum auch im Skisport die Nachwuchszahlen sinken. Schröcksi sieht aber noch eine andere Baustelle: Für Kinder mit Migrationshintergrund kommt eine Skikarriere oder sogar das Teilnehmen an einem Skikurs meist nicht in Frage. Warum eigentlich? *„In Schulklassen beträgt die Zahl der Kinder mit Migrationshintergrund oft bis zu 50 Prozent. Das sind Kinder, die größtenteils noch nie Ski gefahren sind. Dabei könnte doch das Skifahren, dabei könnten doch Schulskikurse ein sehr gutes Integrationsmodell sein. Klar, beim Fußball ist das leichter. Aber auch im Skisport muss es ein Ziel sein, diese Gruppe zu erreichen."*

Im Weltcup halte ich ja das System – wie auch bei Olympia – für komplett überladen und aufgebläht. Da bleib ich dabei: weniger Rennen, nur noch vier Disziplinen, die Highlights und die Klassiker forcieren. Schröcksnadels Vision vom Weltcup der Zukunft sieht so aus: *„Natürlich muss man den Rennkalender überdenken! Am Dienstag und Mittwoch gibt's am Abend bei Flutlicht die Technikrennen im Slalom und im Riesentorlauf. Und am Wochenende dann die Speed-Rennen Abfahrt und Super-G. Ich bin mir sicher: das funktioniert! Die Flutlichtrennen während der Woche müssen regelmäßig stattfinden, damit sich das für die TV-Stationen und Fans etabliert wie zum Beispiel die Fußball-Champions-League. Das ist der mit Abstand beste Termin! Nimm den Nachtslalom in Schladming her: Da* *haben sie mich ausgelacht, als ich die Idee hatte, einen Slalom bei Flutlicht auszutragen. Als Lampionrennen haben sie das verspottet. Und jetzt haben wir in Schladming 50.000 Zuschauer seit vielen, vielen Jahren! Dafür musst du aber die Orte aussuchen, die auch das Potenzial dafür haben. Die TV-Stationen werden da ganz sicher mitmachen, denn die brauchen Live-Events im Sport- und Kulturbereich, um in Zukunft gegen Netflix & Co. eine Chance zu haben!"*

Und was hält Schröcksi von einer Reduzierung des Starterfeldes, um die Rennen kürzer, kompakter, TV-freundlicher zu machen? *„Ich würde das nicht machen, denn damit würde man Nationen ausschließen. Man sollte die kleineren Ski-Nationen aber weiterhin teilhaben lassen. Aber ich würde, ähnlich wie im Skispringen, eine Quali machen. Bei den Technikrennen: untertags die Quali, und am Abend unter Flutlicht fahren dann nur mehr die Besten der Welt."*

Viele Experten sprechen sich – auch in diesem Buch – dafür aus, den Weltcup viel mehr in „Blöcken" durchzuführen. Also an einem Ort gleich mehrere Rennen zu machen, wenn man schon mal dort ist. Ähnlich wie bei einer WM oder beim alljährlichen Weltcup-Finale. Schröcksnadel ist ebenfalls für eine deutliche Reduzierung der Reisetätigkeiten beziehungsweise für eine klügere Routenplanung. Von zu vielen Rennen an einem Ort hält er jedoch nichts. *„Und*

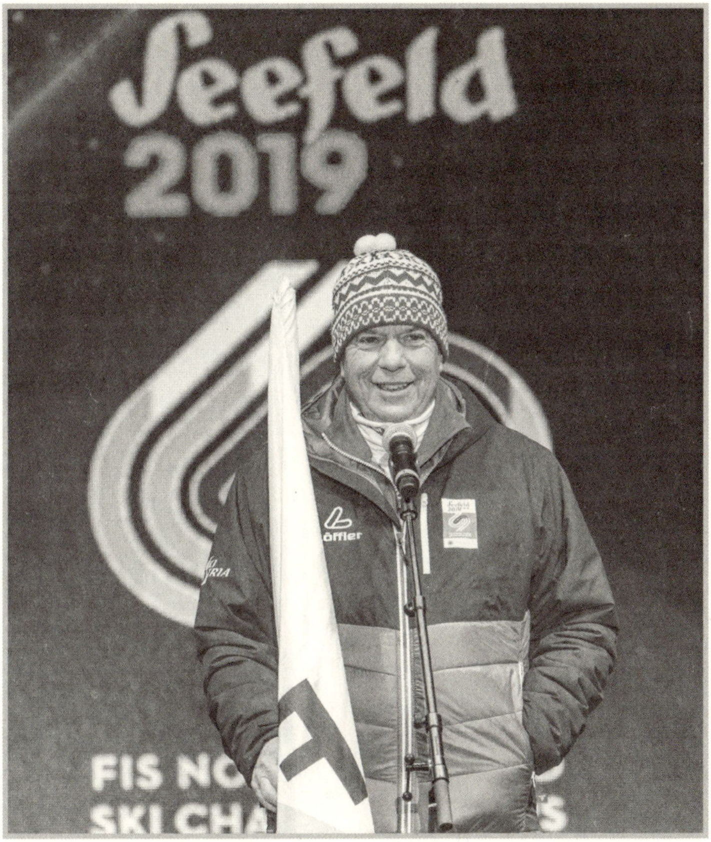

Peter Schröcksnadel eröffnet seine letzte WM 2019 in Seefeld

zwar, weil es erwiesen ist, dass das Interesse abnimmt, wenn es drei oder mehrere Renntage an einem Ort sind. Durch einen Ortswechsel schaffst du neues Interesse der Medien und der Zuschauer. Deshalb will ich zum Beispiel auch keinen zweiten Nachtslalom in Schladming. Man darf mit den Höhepunkten nicht inflationär umgehen.“

Ähnlich wie beim Thema Schulkinder und Bewegung war auch unser Gespräch über die Nachhaltigkeit des Skisports und des Skirennsports richtig leidenschaftlich. Mit „seinem“ Skigebiet in Hinterstoder, wo er Aufsichtsratsvorsitzender der Bergbahnen AG ist, möchte Schröcksnadel zeigen, wie es geht. Schon im Februar 2020, als der Weltcup kurz vor dem ersten Corona-Lockdown in Hinterstoder gastierte, präsentierte man dort das erste emissionsfreie Schneefahrzeug, ein Snowmobil mit Hybrid-E-Antrieb. Sein einziger Kraftstoff ist mit Solarenergie hergestellter Wasserstoff. Und das soll erst der Anfang gewesen sein. *„Wir wollen das auch mit Pistenraupen und so weiter machen. Das ist die Zukunft. Wir müssen die Skigebiete energieneutral machen und damit viel besser als alle anderen sein. Mittlerweile kämpfen wir seit Jahrzehnten mit diesen Imageproblemen. Dass zum Beispiel der Skisport dafür mitverantwortlich sein soll, dass die Gletscher schmelzen. Das ist nichts Neues mehr. Aber wir sind nicht die Bösen. Was wäre denn die Alternative in vielen Tourismusgebieten, wenn es keinen Skisport gibt? Dass man Industrie ansiedelt? Das soll besser sein? Trotzdem: Wir wollen vorangehen, und wenn wir uns anstrengen, dann können wir Skigebiete energieneutral betreiben.“*

- Vervielfachung des Budgets für das Thema „Bewegung der Kinder in den Schulen".
- Die Politiker müssen das Wohl der Menschen in den Mittelpunkt rücken. Mehr Augenmerk auf den erwiesenermaßen positiven Effekt, der Bewegung von Kindern.
- Sportvereine und ihre Trainer müssen von der Politik grünes Licht bekommen, damit sie in den örtlichen Schulen mit den Kindern trainieren dürfen.
- Sport und auch Skifahren muss auch für Kinder mit Migrationshinter-grund interessanter gemacht werden. Einerseits, um mehr Talente zu finden, und andererseits als Integrationsmodell.
- Die Technik-Rennen Slalom und Riesentorlauf während der Woche (Dienstag, Mittwoch) unter Flutlicht – Vorbild Champions League. Die Speed-Rennen Abfahrt und Super-G am Wochenende.
- Quali-Rennen ähnlich wie im Skispringen, um die Starterfelder bei den Hauptrennen zu verkleinern.
- Klügere Reiseplanung beim Erstellen des Weltcup-Kalenders.
- Es muss das Ziel sein, Skigebiete energieneutral zu betreiben und den Skisport nachhaltiger zu gestalten.

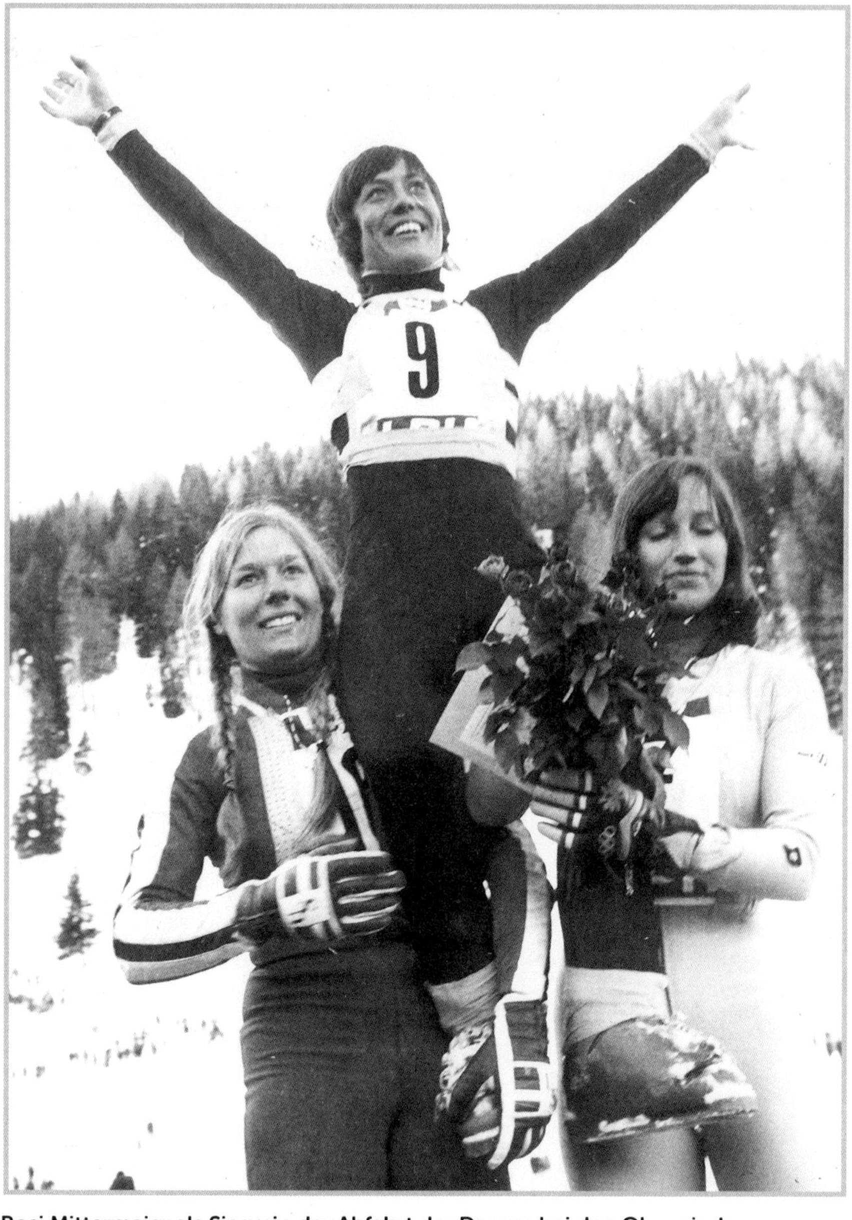

Rosi Mittermaier als Siegerin der Abfahrt der Damen bei den Olympischen Winterspielen 1976

VON DER ALM ZU OLYMPIA-GOLD! ROSI MITTERMAIER

Rosa „Rosi" Mittermaier-Neureuther (* 5. August 1950 in Reit im Winkl, Bayern) ist eine ehemalige deutsche Skirennläuferin, verheiratet mit dem ehemaligen Skirennläufer Christian Neureuther und Mutter von Felix Neureuther. In ihrer Karriere gewann sie zwei Goldmedaillen bei den Olympischen Winterspielen 1976 in Innsbruck und eroberte in derselben Saison die große Kristallkugel für die Gesamtwertung des alpinen Weltcups.

Rosi Mittermaier war stets ein Publikumsliebling und ist auch nach ihrer aktiven Karriere eine bedeutende Botschafterin des Sports. Als erste Wintersportlerin wurde sie im April 2006 in die neu gegründete Hall of Fame des deutschen Sports aufgenommen.

Die Geschichte, wie meine Mama Rosi Mittermaier vom Kind auf der urigen Winklmoosalm 1976 zur Doppel-Olympiasiegerin, zur „Gold-Rosi", wurde, bietet doch einigen Diskussionsstoff und Möglichkeiten zum Nachdenken. Vor allem stellt sich mir die Frage: Wäre so ein Ski-Märchen heute noch möglich? Oder ist es mittlerweile nur mehr den Kindern aus wohlhabendem Haus vorbehalten, es bis an die Weltspitze zu schaffen? Deshalb möchte ich euch an einem kleinen abendlichen Plausch zwischen Mama und mir über die „guten alten Zeiten", aber auch über ihre Meinung zur heutigen (Ski-)Welt teilhaben lassen.

Was war eigentlich die Motivation für deine Skikarriere? *„Meine ältere Schwester Heidi war als Skirennläuferin viel unterwegs. Sie erlebte Reisen, die wir uns ansonsten niemals hätten leisten können. Sie war deshalb mein Vorbild, das wollte ich auch erleben! Das Reisen war meine größte Motivation, ich wollte auch Amerika und Frankreich sehen, mir die Welt anschauen. Als ich das auch durfte, schrieb ich voller Stolz Briefe nach Hause, welche Städte ich gesehen hatte. Und wir durften in tollen Hotels wohnen. Ich erinnere mich an einen Abend im noblen Hotel Belvedere in Grindelwald. Da sind wir Mädels ganz sicher nicht mit dem Trainingsanzug zum Abendessen gegangen. Da haben wir den schönen Pulli und die schöne Hose ausgepackt."*

Und wie ist's heute? Da checken die „Ski-Stars" mit Jogger, verkehrtem Kapperl und Handy in der Hand in den besten Vier- oder sogar Fünf-Stern-Hotels ein. Alles ist selbstverständlich. Was sagst und denkst du, wenn du so etwas siehst, diese Selbstverständlichkeit? *„Es ist vieles auch eine Frage der Erziehung. Die Kinder haben und bekommen heutzutage alles. Ich hab mein Skimaterial von meiner Schwester übernommen oder auf ein paar Ski vom Christkind gewartet. So haben wir es übrigens auch bei dir, Felix, gehalten. Da gab's nicht einfach so zwischendurch ein Spielzeug nach dem anderen. Kinder müssen schätzen, was sie bekommen und haben. Heute ist alles selbstverständlich, viel zu selbstverständlich. Nach dem Motto: Den geschenkten Porsche schätzt man nicht so wie die selbst verdiente*

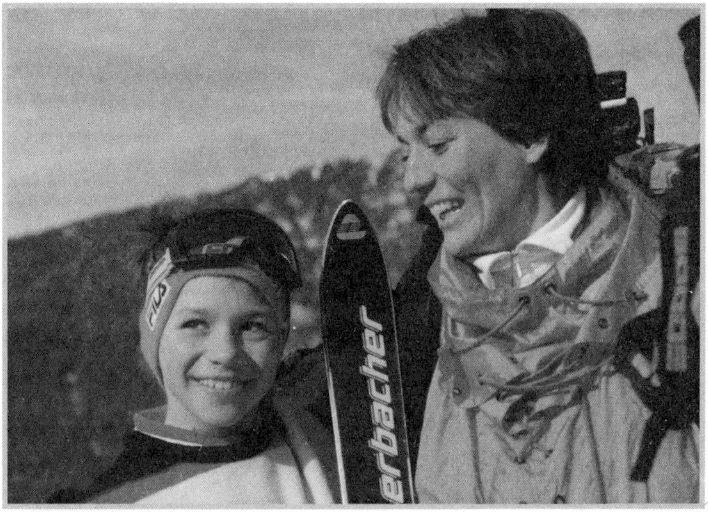

Rosi Mittermaier mit ihrem Felix

Klapperkiste. Viele wissen und schätzen nicht, welch privilegiertes Leben sie führen dürfen."

Was sind für dich die großen Unterschiede, wenn du den früheren mit dem heutigen Weltcup vergleichst? *„Für mich ist der Sport heute viel zu sehr reglementiert. Die Nähe zu den Fans ist total verloren gegangen. Die Zuschauer sind selbst im Zielraum so unglaublich weit weg von den Athleten. Man braucht ja nur an die Bilder von Olympia 1976 in Innsbruck zu denken, als es keine Zäune gab, die Zuschauer ins Zielgelände gestürmt sind und uns auf Schultern getragen haben. Es scheint überhaupt ein wenig der Spaß, die Gaudi verloren gegangen zu sein. Kaum Spaß, kaum gute Geschichten, kaum echte Charakter-Typen. Bei* *uns gab's damals ein richtiges Miteinander. Wenn wir uns heute treffen, ist es noch immer ein Zusammenkommen von echten, alten Freunden und Freundinnen. Solche Freundschaften, wie du sie zum Beispiel auch mit Marcel Hirscher hattest und hast, sind mittlerweile sehr, sehr selten geworden. Sicher hat das alles auch den Grund, dass die Athleten eine echte Hetzjagd von Rennen zu Rennen, von Termin zu Termin zu erledigen haben. Wir sind ja nur in drei Disziplinen gefahren, hatten dazwischen genügend Zeit, um mit den anderen Athleten zu plaudern, zu feiern. Diese Zeit hat heute durch den dicht gedrängten Kalender kaum einer mehr. Es bleibt ja fast keine Zeit mehr, um die Begeisterung um eine Person so richtig entstehen und sie ausleben zu lassen, weil alle schnell ins Auto und wegmüssen."*

Liegt in diesem Stress, in dieser Hetzjagd, auch der Grund dafür, dass es für die Fans kaum noch echte Typen und Stars gibt? *„Man muss schon ein sehr interessierter Ski-Zuschauer sein, um wirklich Fan einer bestimmten Person zu werden. Man sieht ja abgesehen von den Rennen fast nichts. Im Fernsehen jagt eine Sportübertragung die nächste, das ist richtig stressig. Und nur durch den Skihelm sehe ich nicht, ob der blonde oder schwarze Haare hat, ob der schöne Augen hat. Der Zuschauer muss mehr vom Menschen hinter dem Helm erfahren. Wer ist der Kämpfer? Wer ist der Sensible? Deshalb bin ich auch ein großer Fan von Siegerehrungen. Da kommen die ganz großen Emotionen heraus. Von diesen Momenten, wenn sie ganz oben stehen dürfen, träumen die*

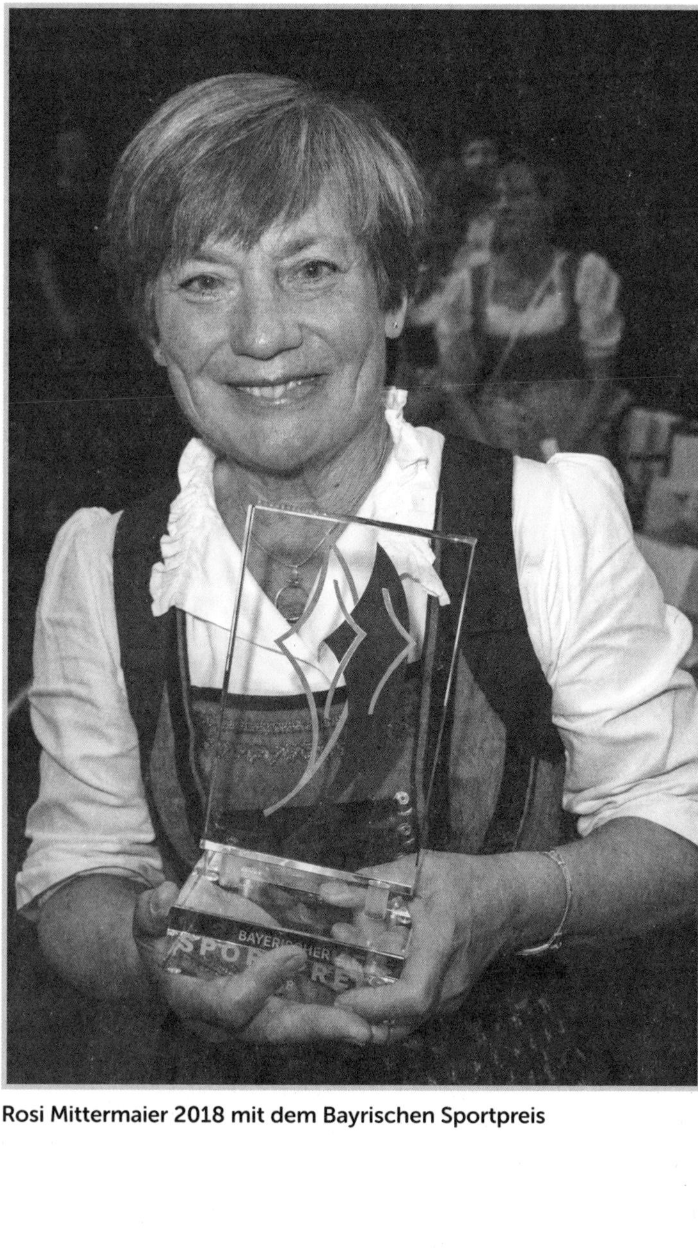

Rosi Mittermaier 2018 mit dem Bayrischen Sportpreis

Sportler ihr Leben lang. Das sind die schönsten Bilder! Genau durch solche Momente entsteht eine Verbindung zwischen dem Zuschauer und dem Athleten.“

Diese Verbindung kann aber niemals entstehen, wenn sich der Zuschauer vor lauter Rennen und Formaten gar nicht mehr auskennt. Das sieht auch die Mama so. *„Ich schaue wirklich gerne am Wochenende alle mögliche Sportübertragungen, natürlich auch die Skirennen. Aber mittlerweile ist es zu viel, teilweise auch zu kompliziert. In meinen Augen sollte es weniger Rennen geben, die aber dafür richtig! Ein echtes Spektakel mit einer Show rundherum, als Vorbild dafür sollte Kitzbühel dienen. Genau dasselbe gilt für die Entwicklung von Olympia. Es muss nicht immer alles noch größer und gigantischer werden. Man sollte auch da reduzieren und Olympia nicht noch mehr aufblähen, denn dadurch wird das Ganze für Veranstaltungsorte unbezahlbar.“*

Immer wieder denk ich mir: Man muss es doch schaffen können, wieder so eine Begeisterung zu entfachen, wie es sie in den Zeiten gegeben hat, in denen meine Eltern oder zum Beispiel auch Franz Klammer gefahren sind! Ich selbst war ja noch nicht auf der Welt, aber was sich nach dem Doppel-Olympiasieg von der Mama abgespielt hat, war unbeschreiblich. *„Ich habe Badewannen voll Blumen bekommen. Die haben wir übrigens an Krankenhäuser weitergegeben. Auf die Winklmoosalm sind innerhalb von einem Monat 27.000 Briefe gekommen, der Postbote ist komplett narrisch geworden!“*

Der entscheidende Ruck für ihre Karriere kam aber vom Papa: *„Ich bin immer aus reinem Spaß Ski gefahren. Wirklich fleißig war ich eigentlich im Sommer beim Training nicht. Der Christian hat mich dann aus meiner Komfortzone rausgeholt, mich zu härterem Training motiviert. Das hat sich ausgezahlt. Aber ich bin immer so geblieben, dass ich auch meinen schärfsten Konkurrentinnen jederzeit Tipps gegeben hab! Die Egoisten haben vielleicht manchmal eine Spur mehr Erfolg, aber für mich ist meine Kameradschaft im Leben tausendfach zurückgekommen.“*

Wenn du dir anschaust, wie die Welt und auch die heutige Sportwelt läuft, würdest du deinem Enkelkind trotzdem empfehlen, eine Skikarriere anzustreben? *„Was mich an deiner Karriere am meisten gefreut hat, war, dass du sie genau so erleben durftest, wie wir das erlebt hatten. Absolute Leidenschaft und Begeisterung für den Sport. Du hast Freunde aus aller Welt gefunden. Und ich bin überzeugt, dass das auch heute noch möglich ist, diesen Spaßfaktor zu vermitteln und zu leben. Was gibt's Schöneres, als einen Beruf auszuüben, bei dem du dich viel bewegst und draußen in der Natur bist? Und ich glaube auch, dass der Stellenwert von Sportlern in der Bevölkerung nach wie vor sehr hoch ist. Was allerdings Grundvoraussetzung ist: Eine Ausbildung, also ein zweites Standbein neben dem Sport, ist Pflicht! Denn man braucht sich ja nur anschauen, wie schnell Verletzungen passieren können. Aber unterm Strich: Ja, ich würde es unterstützen, wenn auch meine Enkelkinder Skirennfahrer oder* *andere Profisportler werden möchten. Ich rate überhaupt allen jungen Menschen mit Talent und Leidenschaft, dass sie es versuchen sollen. Warum solltest du nicht auch das erreichen können, was andere geschafft haben? Die kochen doch auch nur mit Wasser! Und der Sport bietet einem die Chance, die ganze Welt kennenzulernen."*

DIE LÖSUNGSVORSCHLÄGE

- Spitzensportler sollten sich ihrer privilegierten Stellung wieder bewusster sein und dementsprechend auch ihre Rolle als Vorbilder ernst nehmen und leben.
- Im Ski-Weltcup muss den Fans wieder mehr Nähe zu den Athleten ermöglicht werden. Das war immer das Besondere am Skisport.
- Das Ski-Weltcup-Programm ist überladen und unübersichtlich geworden. Der Kalender muss sich wieder auf die Highlights fokussieren. Weniger ist mehr.

CORONA ALS CHANCE FÜR VERÄNDERUNG
MARKUS WALDNER

Markus Waldner (* 1. Oktober 1963, Brixen, Südtirol) ist als FIS-Renndirektor für die Durchführung des Alpinen Skiweltcups der Herren verantwortlich. Der in Brixen lebende Waldner war selbst aktiver Rennläufer und studierte nach seiner Karriere Sportwissenschaften in Innsbruck. Nach seinem Abschluss arbeitete er acht Jahre lang als Trainer beim italienischen Skiverband, ehe er 1997 zum internationalen Skiverband (FIS) wechselte, zunächst als Europacup-Koordinator, dann als Verantwortlicher für alle fünf Kontinentalcups.

Mit seiner Einstellung „Wir müssen mit der Natur leben und nicht gegen sie ankämpfen" gilt er als Vertreter einer neuen Generation von Entscheidungsträgern im internationalen Skizirkus.

Bei ihm laufen im Herren-Weltcup wirklich alle Fäden zusammen: Markus Waldner. Der Südtiroler arbeitet seit 2014 als Renndirektor, hat dort die Nachfolge des deutschen Langzeitchefs Günter Hujara (er war 23 Jahre im Amt) angetreten. Markus ist im ständigen Kontakt mit Athleten, Veranstaltern, Verbänden, Funktionären. Es ist eigentlich ein Ganzjahresjob, denn auch im Sommer gibt es massenhaft zu tun. Waldner versucht, im Zentrum dieser unterschiedlichsten Wünsche und Interessen stets den Überblick zu behalten. Auch für ihn ist klar: Jetzt muss und kann sich im Weltcup einiges ändern, einiges moderner werden. Einerseits durch den bevorstehenden Wechsel an der Spitze der FIS, andererseits aufgrund der Folgen von Corona.

„Die Corona-Krise trifft sehr viele sehr hart, sicher auch uns. Auf der anderen Seite öffnen sich aber auch sehr viele Möglichkeiten, die es zu nutzen gilt, um in den letzten Jahrzehnten politisch eingefahrene Dinge aufzubrechen. Ich denke da nur an unseren Rennkalender, der überladen ist. Bis jetzt hatte aber niemand die Courage und die Macht, das zu ändern. Im Endeffekt geht es vor allem um eines: weniger Rennen, dafür mehr Wertigkeit im Weltcup!"

Waldner denkt daran, den Kalender in „Blöcken" zu erstellen. Zum Beispiel ein Frankreich-Block, ein Südtirol-Block, ein Schweiz-Block, ein Österreich-Block … *„Derzeit sind es einfach zu viele Einzelrennen. Man könnte mit fünf, nennen wir es eine Art Mini-Weltmeisterschaften arbeiten. Und wo es geht auch zusammen mit den Damen fahren, also abgesehen von Kitzbühel oder Wengen. Dieses Konzept funktioniert doch auch bei den Weltcup-Final-Wochen. Und alles andere weg."*

Dieses Ziel der Gemeinsamkeit von Damen- und Herrenbewerben muss momentan wegen Corona noch aufgeschoben werden. Denn vorläufig muss man eher schauen, mit den sogenannten Corona-Blasen zu arbeiten, also Damen und Herren sowie Techniker und Speed-Athleten so gut

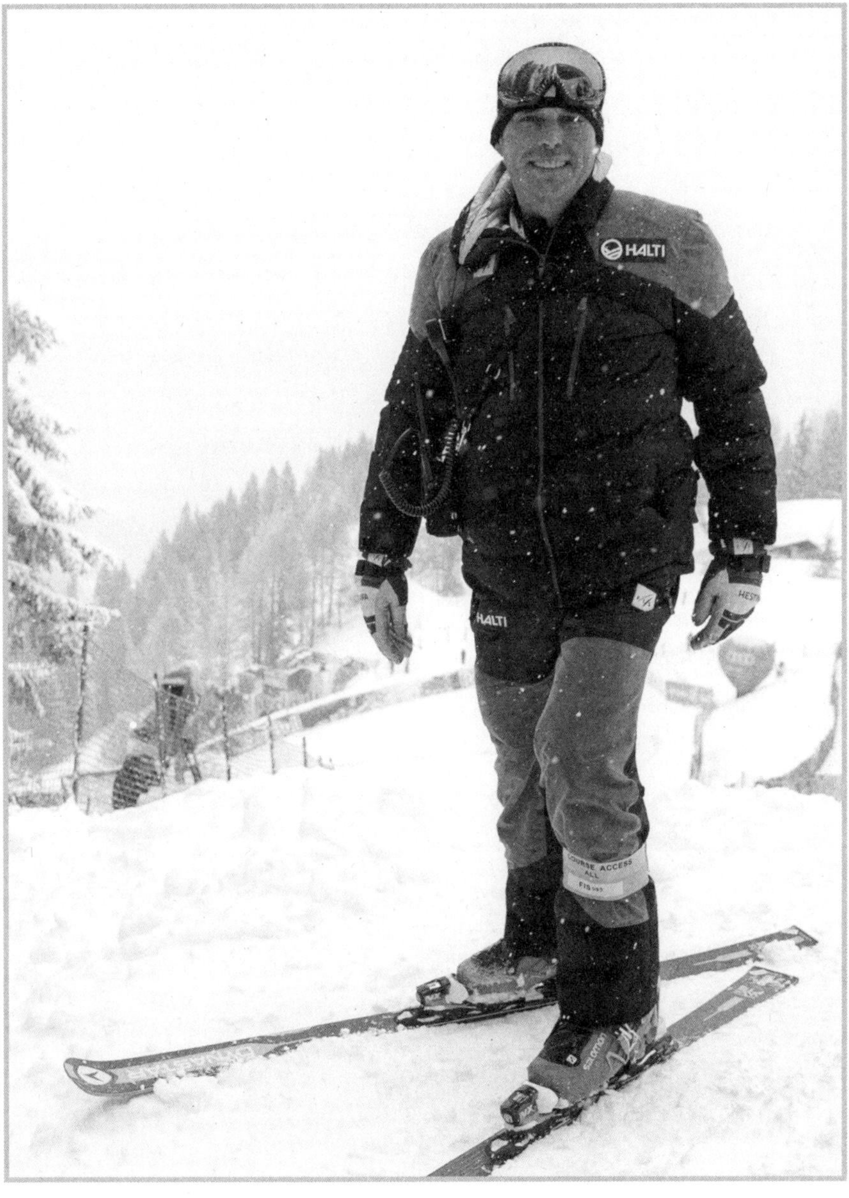

Markus Waldner ist mehr als 200 Tage im Jahr auf der Piste

wie möglich zu trennen. Aber irgendwann wird ja hoffentlich auch wieder halbwegs Normalität einkehren … Und spätestens dann sollte man dem Motto „Zurück zu den Ursprüngen“ folgen, einer Tendenz, die wieder dorthin geht, wie 1967 unter Federführung von Serge Lang im Weltcup alles begonnen hat. Die drei Basisdisziplinen Abfahrt, Slalom, Riesentorlauf und vielleicht noch den Super-G dazu, damit der Kampf um den Gesamtweltcup halbwegs fair und ausgewogen bleibt. Ich habe das Gefühl, dass die Leute rund um Markus Waldner die Gelegenheit wirklich am Schopf packen wollen, dieses Konzept endlich umzusetzen. Es bringt doch nichts, 50 halbe Sachen zu machen, lieber 15, 20 richtig geile Sachen! *„Wegen einem Rennen um die halbe Welt oder quer durch Europa fahren? Das ist doch sinnlos. Ich muss doch nicht mit dem ganzen Tross nach Lake Louise, nur damit wir nachher sagen können, dass wir dort waren und aus sportpolitischen Gründen einmal runtergewedelt sind. Das ist nicht gut. Lieber sollte man schauen, dass man eine Woche, vielleicht sogar zwei Wochen, an einem Ort ist. An einem Ort, an dem die Wertigkeit gegeben ist. Und dort kann man gleich die aufgebaute Infrastruktur dazu nützen, mehrere Rennen durchzuführen. So hat es ja zum Beispiel nach Corona-Wiederbeginn im Sommer 2020 auch die Formel 1 gemacht mit gleich zwei Rennen in Österreich und England. Das ist doch ein großartiges Konzept.“*

Und das wäre auch ein klares Signal in Richtung mehr Nachhaltigkeit des Skisports. Wir müssen der Jugend viel glaubhafter vermitteln, wie einzigartig, schön und eben auch nachhaltig dieser Sport ist. Sonst denken die irgendwann: „Die zerstören doch nur die Umwelt!“ Corona ist wirklich die ganz große Chance, um Dinge durchzusetzen, die vorher aus sportpolitischen Gründen unmöglich schienen. Ein absolutes Signal punkto Nachhaltigkeit wäre für mich, dieses fast schon perverse Gletschertraining in den Sommermonaten zu bremsen, ja, sogar zu verbieten. Ähnlich wie es ja in der Formel 1 auch in gewissen Monaten verboten ist, an der Entwicklung zu arbeiten und Testfahrten zu absolvieren. Das spart auch Geld und gibt den Beteiligten die Chance, wirklich Pause zu machen, die Batterien neu aufzuladen. Und es würde mehr Chancengleichheit für alle Skitalente bedeuten. Denn es kann und will sich ganz sicher nicht jeder leisten, mit seinem Kind im Juli und August auf den Gletschern zu trainieren. Das ist doch hirnrissig, im Sommer 50 Tage mit seinem Kind auf dem Gletscher zu trainieren! Da können finanziell weniger gut gestellte Familien nicht mit, und das ist ein klarer Wettbewerbsnachteil.

Was denkt der Chef des Herren-Weltcups über so ein Gletscherverbot im Sommer? *„Super Sache! Ich erinnere mich an den großen Alberto Tomba. Der hat immer nach der Saison noch ein bisschen Material getestet und ist dann den ganzen Sommer nicht Ski gefahren. Oder nehmen wir Marcel Hirscher her, der hat es doch genauso gemacht. Ich bin sofort für so ein Gletscher-Trainingsverbot im Sommer. Damit würde auch den geschundenen Körpern der Athleten* *mehr Zeit zur Erholung gegeben werden. Und damit würden sicher auch in der Folge viele Verletzungen verhindert werden.“* Meiner Meinung nach würde es reichen, wenn die Gletscher im Oktober für die Skifahrer öffnen. Gleichzeitig wäre es auch sinnvoll, den Saisonauftakt in Sölden, der ja immer Ende Oktober stattfindet, nach hinten zu verschieben. Jedes Jahr ist es ein Kampf und Krampf, ob genug Schnee da ist auf dem Gletscher in Sölden oder nicht. Das kann doch nicht die Zukunft sein! *„Ja, die Natur sagt uns immer deutlicher, wo's langgeht. Ohne die Schneedepots oder Snowfarming wäre das alles nicht möglich. Sogar in Nordamerika, wo es früher oft minus 30 Grad hatte, ist es Ende November, Anfang Dezember oft zu früh. Wir müssen die Courage haben und die Augen aufmachen und sehen, dass der ganze Apparat ziemlich marode ist. Aber es spielen halt überall so viele Interessen mit, dass es schwierig ist, Sachen zu verändern.“*

Dass nicht nur der Rückgang der Gletscher, sondern das Klima ganz allgemein für den Skisport eine ernste Gefahr wird, ist unbestritten. *„Wetter, Klima – das wird für uns immer mehr zur Herausforderung. Fußball, Basketball und so weiter pfeifen alle pünktlich um 20.45 Uhr an, wenn 20.45 geplant ist. Wir hingegen sind extrem abhängig vom Wetter. Da gibt es Verschiebungen, Absagen. Wir pushen die Rennen teilweise fast schon mit Gewalt durch, weil ein Ausfall von Rennen wirtschaftlich oft ein Desaster und existenzbedrohend ist. Da müssen wir Lösungen finden, da gibt es*

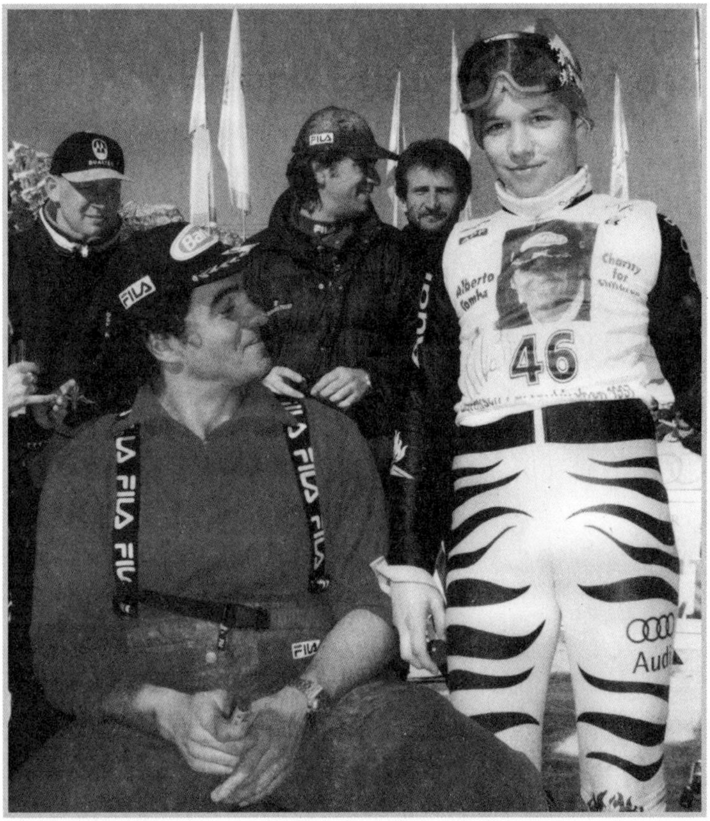

Felix Neureuther mit Alberto Tomba beim internationalen Kinderrennen in Garmisch-Patenkrichen 1994

viele Hausaufgaben zu erledigen. Wir müssen zum Beispiel wie die Segler beim America's Cup mit der Natur leben. Die setzen ihre Regatten für einen Zeitraum von teilweise mehreren Wochen an. Dadurch haben sie mehr Spielraum und können den wettermäßig besten Tag wählen. Davon könnten wir zum Beispiel lernen.“

Der Skirennsport muss aber wieder so attraktiv werden, dass er in Deutschland nicht mehr nur die Nummer drei hinter Biathlon und Skispringen ist. *„Es gibt zwei Hauptfragen, die sich punkto Vermarktung und TV-Vermarktung stellen. Erstens: Welche Formate sollen gefahren werden? Zweitens: Welches Publikum schaut zu und soll zuschauen? Man muss darauf achten, dass die Formate nicht zu lang sind. Der Slalom ist definitiv ein Super-Produkt! Aber wenn du am Sonntag bis drei Uhr warten musst, bis der Sieger feststeht, dann gehen viele lieber spazieren oder rodeln. Ein Fußballspiel dauert 90 Minuten, mit einer Viertelstunde Pause dazwischen. Das ist ein gutes Zeitfenster. Wir müssen verstehen, dass zum Beispiel die junge Generation ganz anders, nämlich viel schneller konsumiert. Die sind es auch gewohnt, mehrere Sachen gleichzeitig wahrzunehmen, fünf Streams auf einmal zu schauen. Unser Ziel muss sein, auch wieder das junge Publikum zu gewinnen. Mit einem Mix aus Tradition und frischen Ideen.“*

Eine dieser „frischen Ideen“ im Weltcup war vor einigen Jahren die Einführung der Parallel-Bewerbe. *„Dieses Format hat schon einige interessante Aspekte“*, verteidigt Waldner das heiß diskutierte Rennen. Aber: *„Die Frage, ob es für den Sieg bei so einem Rennen genauso 100 Punkte geben soll wie für einen Sieg in Kitzbühel, ist berechtigt. Man sollte solche Bewerbe zwischendurch einbauen, eine Kristallkugel dafür zu vergeben, halte auch ich für übertrieben. Aber so ein nicht zum Weltcup zählendes Einla-*

dungsrennen rund um Weihnachten, bei dem es um richtig viel Kohle geht, das hätte doch was. Man sollte diese Parallelrennen als sympathisches Intermezzo zur richtigen Zeit am richtigen Ort etablieren." Wo dieser Bewerb am besten hinpasst und funktioniert, das sind Weltmeisterschaften und Olympische Spiele! Denn da kommt dieser Teamgedanke, dass man als Mannschaft eine Medaille für sein Land holt, am besten zum Tragen. Das Thema Sicherheit liegt Waldner bei den Parallelbewerben schwer im Magen. „*Das Risiko einer Kollision ist wirklich permanent da. Ich zittere da bei jedem Lauf und bin froh, wenn beide heil im Ziel sind.*"

Um bei den Formaten zu bleiben: Die von mir und auch Waldner gewünschte zeitliche Kompaktheit der Rennen wird wohl nur über eine Verringerung des Starterfeldes gelingen. „*Früher waren beim Slalom in Schladming 92 Läufer am Start, bei Olympia oder Weltmeisterschaften weit über 100. Das ist sinnlos. Das TV wünscht sich maximal 45. Ja, okay, aber man muss aufpassen, was mit den anderen Läufern passiert! Die kannst du ja nicht alle heimschicken und ihnen sagen: ‚Fahrt im Europacup und aus.' Man muss ein System entwickeln, damit auch die zweite Liga aufgewertet wird. Nehmen wir den Motorsport her. Da wurden ja auch diverse Unter- und Nachwuchsserien gegründet, die Formel 2, die Formel 3. Oder in der Motorrad-WM, in der es neben der MotoGP auch Moto2 und Moto3 gibt. So müssen wir es auch machen. Dann wäre die zweite Reihe gut aufgehoben, kann sich gut entwickeln, um dann bereit zu sein für den Sprung in den Weltcup. Und im Weltcup wäre mehr Platz und Zeit, um unsere Helden wirklich gut und ausführlich zu präsentieren. Viele Fans wissen gar nicht mehr, wie die Athleten ausschauen, welche Typen sie sind. Story-Telling nennt man das heutzutage. Die Leute müssen mehr über unsere Stars erfahren, nicht nur, dass sie gut Ski fahren können."*

Die Frage, ob der Ski-Weltcup zwingend und krampfhaft in Märkte wie etwa China drängen „muss", ist heiß diskutiert. Waldner sieht die Tendenz der letzten Jahrzehnte, dass Großereignisse (nicht nur im Wintersport) an Orte vergeben werden, die ganz einfach nicht dafür geschaffen sind, sehr kritisch. *„Wenn man sieht, wie Stadien und Sportstätten von Menschen errichtet werden, die unter widrigsten Umständen arbeiten und hausen und drei Dollar pro Tag dafür bekommen, da muss ich sagen, dass ich entschieden dagegen bin. Klar kann das Ganze so verkauft werden: Olympia 2022 in China ist eine Megachance, die Chinesen haben 300 Millionen potenzielle Skifahrer. Aber ist das wirklich so? Die Chinesen bauen sich ihre Ski doch eh selbst. Und wenn wir ehrlich sind: Die Chinesen sind viele und fleißig, sie bauen dir in einer Woche ein komplettes Spital auf. Aber stimmt auch die Qualität? Haben sie die geringste Ahnung vom Skisport? Ich denke, dass unsere Zukunft die Alpenländer und Skandinavien sind. Die klassischen Strecken haben unseren Sport groß gemacht. Und so sollte es auch in Zukunft sein."*

Da bin ich voll bei Markus: gekaufte Großereignisse, eine Fußball-WM in Katar, eine in ein Naturschutzgebiet in Südkorea oder China hineingesprengte Ski-Abfahrt für Olympia? Das sind traurige Geschichten! Und Bilder wie jene von Olympia 2018 in Südkorea, mit leeren Tribünen, emotionslosen Siegerehrungen und Sportstätten im Niemandsland, das ist keine Werbung für unseren Sport. Klar träumt jeder Sportler davon, Olympiasieger zu werden, denn dieser Ruhm hält ewig. Aber die persönliche Wertigkeit ist bei einem Sieg bei einem Klassiker ganz sicher zehnmal größer. Wenn Matthias Mayer vor 23 Leuten im südkoreanischen Niemandsland zu Super-G-Gold abschwingt und auf der Tribüne null Emotionen sind, abgesehen von seinen Verwandten!? Ich denke, dass man das nicht einmal annähernd mit dem vergleichen kann, als der „Mothl" – wie ihn seine Fans nennen – zum Beispiel bei seinem Sieg in Kitzbühel abgeschwungen hat.

Beim Thema Vermarktung des Ski-Weltcups und mehr Öffnen für die Fans lässt sich Waldner – als italienischer Landsmann von Valentino Rossi – gerne von der MotoGP, also vom Spektakel der besten Motorradfahrer der Welt, inspirieren. *„Von der MotoGP muss man lernen! Was dort abgeht mit den Fans und Sponsoren, und zwar noch kurz vor dem Start, ist kontrolliertes Chaos. Da gehen Guides mit Personengruppen noch fünf Minuten vor dem Start zwischen den Piloten herum. Und ich denke, dass sich Rossi, Marquez und all die anderen sicher genauso konzentrieren* *müssen wie unsere Skifahrer. Aber die machen sogar noch Fotos, geben noch kurze Interviews. Und zwar, weil sie wissen, dass sie auch genau deshalb so viel Geld verdienen. Genau so etwas müssen auch wir machen! Ausgewählte Personen hinauf ins Startgelände bringen, exklusive Einblicke hinter die Kulissen bieten. Und das als Paket verkaufen. So generiert man Geld, und genau dieses Geld fließt dann ja auch an die Athleten. An solche Szenarien müssen wir unsere Sportler gewöhnen. Ein paar haben es schon verstanden, aber die meisten noch nicht. Da sind wir noch weit, weit weg. Und unten im Ziel sollte es auch beim Skifahren so etwas Ähnliches wie ein Paddock, also ein Fahrerlager, geben, wo jeder Verband, jede Skifirma ein Zelt oder was auch immer hat. Dort kann man den Serviceleuten beim Präparieren der Ski zuschauen, dort geben die Athleten nach dem Rennen Autogramme. Jetzt ist im Zielraum alles eingezäunt wie bei den Schafherden in Neuseeland. Das ist doch nicht mehr zeitgemäß. Wir müssen viel mehr die Nähe zu den Fans suchen!"*

Was aber machen wir mit diesen konstant hohen Verletzungszahlen im Skirennsport? Die Rückenprobleme, die jetzt jahrelang Dauerthema waren, hat man mittlerweile halbwegs in den Griff bekommen. Aber die Kreuzbandrisse, die es pro Saison reihenweise zu beklagen gibt, sprengen doch jeden Rahmen. Ein großes Problem, das auch Christian Waldner sieht, ist die Tatsache, dass sich die Athleten nach einer Verletzung viel zu wenig Regenerationszeit geben. Jeder knallt sich Medikamente rein, damit er die Schmerzen unterdrückt und möglichst schnell wieder am Start stehen kann. Auch der prall gefüllte Weltcup-Kalender spielt bei den Verletzungen eine gravierende Rolle. Je mehr es Richtung Saisonende geht, desto müder und ausgelaugter wird man, desto häufiger werden logischerweise die Verletzungen. Je fitter und ausgeruhter du bist, desto geringer ist die Gefahr. Dass der Ski-Weltcup im Grunde meist nur rund drei Monate hat, in denen die Rennen über die Bühne gebracht werden können, macht die Sache mit dem Stress nicht einfacher. *„Klar ist, dass die Athleten diese Monate durchbeißen müssen. Das wird immer so bleiben. Aber wir müssen durch klügere Kalendergestaltung mehr Freiräume für Erholung und Training schaffen, denn damit senken wir die Verletzungsgefahr."*

Die körperliche Fitness und Wachsamkeit ist aber eben nur eine der zwei wichtigen Komponenten, wenn es um die wilde Verletzungsserie im Ski-Zirkus geht. Die zweite, wahrscheinlich noch entscheidendere, ist das Material. *„Und hier ist es ein echter Spagat zwischen schnell und sicher, der leider nach wie vor nicht wirklich gelungen ist. Das Thema ist unglaublich komplex, da spielt unter anderem auch die Pistenpräparation eine große Rolle. Aber das Hauptproblem ist, dass die extrem aggressive Materialabstimmung keinen Spielraum mehr für Fehler lässt. Der kleinste Fehler und das Kreuzband ist kaputt. Da hilft es nicht einmal, wenn man die Geschwindigkeiten drastisch reduziert, teilweise* *passieren die Verletzungen ja bei sehr geringem Speed. Stell einmal Fotos von Ken Read (ehemaliger kanadischer Abfahrtsstar, Kanadas Sportler des Jahres 1978, Anm.) und Dominik Paris nebeneinander! Ken hatte nicht einmal die Hälfte der Muskeln, die heute Leute wie Dominik haben. Das moderne Training, die Ernährung, der viel effektivere Muskelaufbau, alles hat sich geändert. Und auf diese Kraftprotze wird das Material zugeschnitten. Maximal aggressives Material, maximale Muskelkraft. Das Problem an der Sache ist aber, dass du die Bänder nicht trainieren kannst, die sind bei Ken Read und Dominik Paris noch immer die gleichen. Die Skifirma und der Athlet werden aber immer zum schnellsten Material greifen und nicht zum sichersten. Das sind Rennfahrer, logisch! Und da beißt sich die Katze in den Schwanz."*

- Vorbild MotoGP: Sponsoren und Fans können Pakete kaufen, mit denen sie persönliche Einblicke zum Beispiel im Startbereich bekommen. Das erzeugt mehr Nähe, wodurch die Athleten greifbarer werden.
- Vorbild Formel 1: Errichtung eines „Paddocks", eines Fahrerlagers, im Zielbereich mit Zelten und Stationen der Verbände und Skifirmen. Auch dadurch bekommen die Fans mehr Einblicke und Nähe zu den Stars.
- Kleinere Starterfelder, zum Beispiel maximal 45 pro Rennen. Dahinter muss es für die „zweite Reihe" bzw. die Talente eine attraktive zweite Liga geben.
- Bei der Kalenderplanung Konzentration auf die Alpenländer und Skandinavien. Man muss den Markt China nicht um jeden Preis „erobern".
- Parallelrennen nur noch als Einladungs- und Showrennen, zum Beispiel rund um Weihnachten um ein attraktives Preisgeld. Bei Großereignissen sollen die Teambewerbe bleiben.
- Endlich Entschärfung der Materialschlacht durch Skifirmen, Athleten, FIS – die Zahl der Verletzungen (Bänderrisse) ist mittlerweile nicht mehr vertretbar.
- Trainingsverbot auf dem Gletscher in den Sommermonaten – einerseits für die Natur, andererseits um die Athleten zu einer längeren Erholungsphase zu „zwingen".

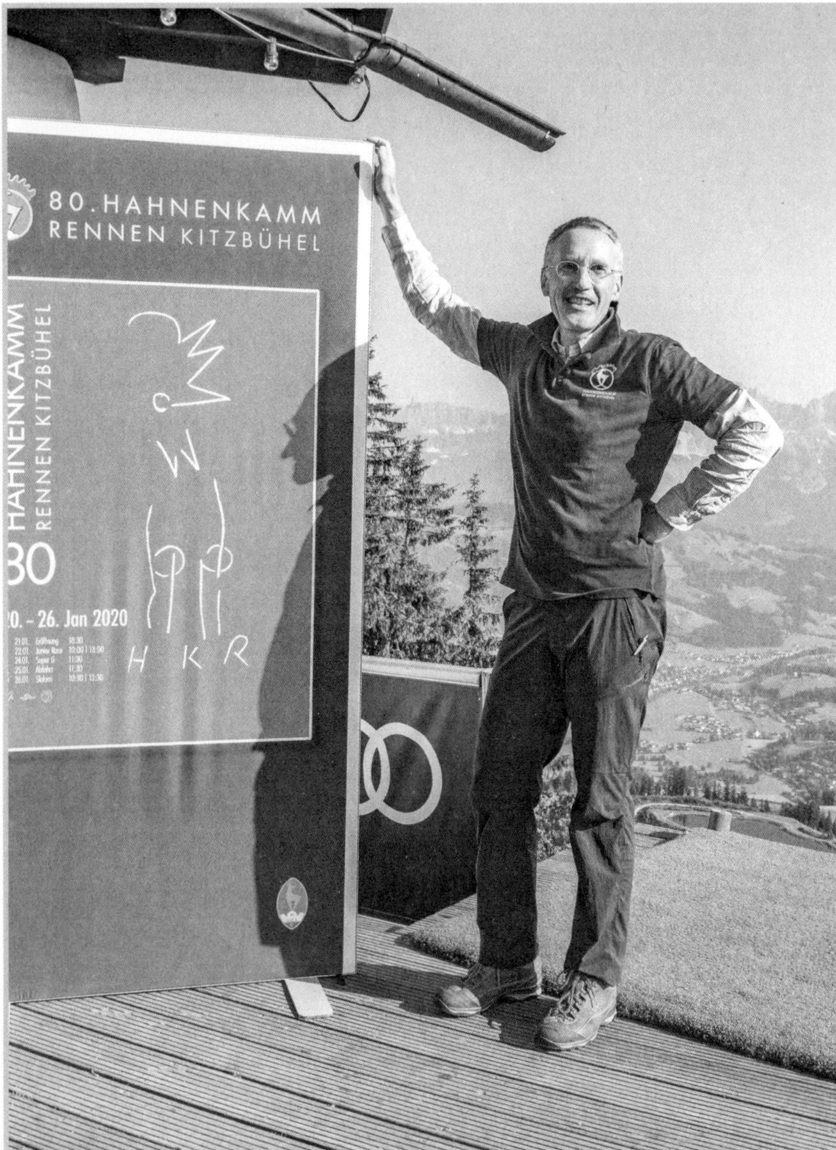

Der Präsident des Kitzbüheler Ski Clubs, Michael Huber, am Start des Hahnenkamms

KITZBÜHEL, DER LÖWE MIT DER MÄCHTIGEN MÄHNE

MICHAEL HUBER

Michael Huber (* 25. Jänner 1965 in Kitzbühel) ist seit 2009 Präsident des Kitzbüheler Ski Clubs (K.S.C.) und somit Hausherr beim legendären Hahnenkammrennen. Davor war er bereits seit 1990 als Generalsekretär für den Kitzbüheler Ski Club tätig. Der Sportwissenschaftler gilt als besonnener Diplomat, der seinem Gegenüber aufmerksam zuhört, andere Argumente gelten lässt und seine eigene Meinung immer wieder hinterfragt.

Huber ist ein leidenschaftlicher Tourengeher, eher medienscheu und stellt sich nur ins Rampenlicht, wenn es sein Beruf erfordert – wobei Berufung bei ihm die treffendere Bezeichnung wäre.

Kitzbühel – das Mekka des Skisports! Hier entstehen Helden und Mythen. Kitz ist so, wie der Skirennsport sein sollte: Tradition pur, und sportlich wirst du maximal herausgefordert. Dort gewinnt der beste Skifahrer und sonst keiner, so soll es sein! Kitz ist das Größte im Skisport, größer als eine WM, größer als Olympia. Wenn die Bilder von den Menschenmassen entlang der Strecke rund um die Welt gehen, dann ist das massiv prägend für jeden einzelnen Skirennfahrer. Das willst du unbedingt auch erleben! Wie muss sich das anfühlen, vor so vielen Menschen diesen Hang hinunterzufahren!? Und dieses Gefühl, die schwierigste Strecke der Welt zu bezwingen, ist ein unglaublicher Ansporn.

Gleichzeitig ist genau Kitzbühel für mich einer der Hauptgründe, warum mir die Auswirkungen von Corona auf den Skisport Sorgen machen. Denn wird diese Begeisterung der Menschen, nach Kitz zu pilgern und diese Ski-Party zu zelebrieren, „danach" wieder zurückkommen? Ich habe Sorge, dass spätestens in zehn, 15 Jahren die Digitalisierung so weit fortgeschritten ist, dass sich die Menschen lieber ein Kastl über die Augen schnallen und alles „live" von daheim erleben. Und Corona verstärkt diese Entwicklung leider, denke ich.

Insofern ist es höchst interessant, wie die Kitzbüheler ihren Mythos pflegen und hegen, wie sie selbst ihre Zukunft sehen und auch die Zukunft des Skisports. Ich habe deshalb Michael Huber getroffen, den Präsidenten des Kitzbüheler Ski Clubs (K.S.C.), des wichtigsten Skiclubs der Welt, bei dem er übrigens seit 10. Oktober 1969 (damals war er vier Jahre alt) Mitglied ist. Huber ist gleichzeitig Vorsitzender des Organisationskomitees der Hahnenkammrennen.

Gleich vorweg: Haben eigentlich auch die Kitzbüheler Angst, dass der Hype nicht zuletzt durch Corona abflauen könnte? – Am Hahnenkamm sieht man das recht entspannt: *„Stars wie Franz Klammer, Alberto Tomba, Hermann Maier oder Marcel Hirscher sorgen immer wieder* *für Ausnahmezustände, für nach oben schnellende Zahlen. Aber uns ist es nie um Rekorde gegangen. Und mit Phasen, in denen es, so wie jetzt, wirtschaftlich nicht so gut läuft, muss man einfach immer rechnen und kalkulieren! Wie das Licht ist auch das Leben eine Welle mit Aufs und Abs. Das gehört dazu und darauf sind wir eingestellt."*

Michael ist überhaupt ein Mann, der es zum Beispiel gar nicht mag, wenn im Fernsehen in Diskussionssendungen Themen nur oberflächlich angeschnitten werden. Er hat es bei Diskussionen lieber nachhaltiger, tiefgründiger. Ein Beispiel, das sehr viel aussagt: In seiner Studienzeit verfasste Huber eine Arbeit über die Geschichte und die Strukturen des Ski-Weltcups und der FIS. Sie ist 450 Seiten stark. Bei einem Kongress der FIS vor einigen Jahren hielt Huber einen Vortrag über die Geschichte des Traditionsbewerbs Alpine Kombination. Auch bei diesem Thema ist Michael informiert und belesen wie kaum ein Zweiter. *„Und am Ende dieses Vortrags habe ich den Zuhörern, viele waren es nicht, das Bild eines Löwen mit einer mächtigen Mähne gezeigt. Die haben alle zuerst nicht so recht gewusst, was das soll. Aber danach habe ich ihnen gesagt, dass dieser Löwe genau das ist, was wir haben! Wir haben mit dem Skisport einen Supersport! Der Löwe muss ja auch nicht dauernd seine Mähne verändern. Sie ist schön, so wie sie ist."*

Und genau auf diesen Löwen mit der mächtigen Mähne kam Michael zurück, als ich ihn fragte, was man denn alles ändern müsse, damit der Skisport auch in Zukunft interessant bleibt.

Das Jammern innerhalb der Sport- und Ski-Welt, dass man dringend Veränderungen brauche und andere Märkte erobern müsse, sei mittlerweile längst traditionell. *„Ich habe viele, viele Zeitungsartikel aus den 1980er- und 1990er-Jahren archiviert. Da wurde genauso gejammert wie heute."* Gejammert wurde also immer. Aber vergleichen kann man „die gute alte Zeit" mit der heutigen unmöglich. Huber erzählt: *„Früher hat die Mama am Samstag die Kinder von der Schule abgeholt und ist schnell mit ihnen nach Hause gefahren, damit sie rechtzeitig zum Start der Abfahrt vor dem Fernseher sitzen. Toni Sailer war der Held der Nation! Natürlich wegen Olympia-Gold, aber sicher auch, weil es genau damals erstmals Olympia im Fernsehen zu sehen gab. Die mediale Landschaft und die vielen, vielen Freizeit-Alternativen haben sich seitdem unglaublich entwickelt und komplett geändert. Und wenn du damals als Zuschauer bei den Rennen vor Ort warst, bist du zwei, drei Meter neben dem Rennfahrer gestanden, da hast du sogar den Fahrtwind gespürt! Auch das ist heute aufgrund der Sicherheitsvorkehrungen undenkbar. Das alles kannst du auch nicht mehr zurückbringen. Man muss der Realität ins Auge sehen: Die Welt verändert sich und der Skisport muss sich in dieser veränderten Welt behaupten. Im Endeffekt ist der Skirennsport ein Unterhaltungsprogramm und eine Werbemöglichkeit für Firmen und Tourismusorte."*

Ob die Folgen von Corona das eine oder andere Veraltete im Weltcup nun wirklich zu Fall bringen werden? *„Die Conclusio meiner Studienarbeit über den Ski-Weltcup ist: Es gibt im Weltcup eine Reihe von Hauptbeteiligten, und die befinden sich seit jeher in einer Pattsituation – wie bei den Gesellschaftsspielen Mühle oder Schach. Und keiner dieser Beteiligten hat die Kraft oder die Macht, etwas entscheidend zu bewegen. Da gibt es maximal ein kleines Hin und Her. Ob Corona diese Pattsituation aufhebt, wird sich erst weisen. Für uns alle ist es momentan extrem schwierig. Corona ist wie die Aufgabe, aus einer Schüssel Wasser einen Schneeball zu formen. Irgendwie kannst du nichts so richtig ergreifen und formen. Aber müssen wir alles im Ski-Weltcup schlechtreden? Müssen wir alles ändern? Gar nichts müssen wir. Ein paar Schrauben in die richtige Richtung, okay. Aber auf keinen Fall zu viel. Der Opa und sein Enkelkind daheim auf der Couch müssen sich auskennen und das Produkt spannend finden.“*

Mit meiner Meinung, dass man zurück zum Ursprung und zu den Kerndisziplinen Slalom, Riesentorlauf und Abfahrt muss, laufe ich bei einem Traditionsliebhaber und Ski-Nostalgiker wie Michael Huber natürlich offene Türen ein. Auch ich liebe Traditionen. Das Gefühl, dass schon mein Papa Christian am selben Ganslernhang in Kitzbühel gefahren oder am selben Holzstadl in Wengen vorbeigewedelt ist, hat mir immer sehr viel bedeutet. Und diese Traditionen gehören gepflegt.

Dass aber die Kombination ausgedient hat, kaum mehr zu retten ist, wissen wir ja leider alle. Ähnlich wie den Löwen mit der mächtigen Mähne hat Huber dafür einen Vergleich aus der Welt der Mode parat: *„Der alpine Skirennsport ist wie das weiße Hemd, der blaue Blazer und das kleine Schwarze. Das sind Klassiker! Mal kommen orange Hemden oder weite Hosen, das ist Mode, das kommt und geht auch wieder, aber das sind keine Klassiker.“* Wenn man so will, sind die orange Hemden und weite Hosen zum Beispiel die aktuellen Versuchsobjekte wie die Parallelrennen im Weltcup.

Apropos Parallelrennen! Wären die zum Beispiel auch in Kitz denkbar? *„Darüber hab ich auch schon mit dem Schröcksi (Österreichs Ski-Präsident Peter Schröcksnadel, Anm.) geplaudert. Und beim Juniors-Race haben wir dieses Format ja schon länger auch in Kitzbühel. Ich bin kein großer Fan davon, mir persönlich gefällt's nicht. Aber ich bin flexibel, also warum nicht? Vielleicht am Freitag als Ouvertüre. Ich sehe nämlich das Wochenende als eine Oper in drei Akten.“* Die Abfahrt am Samstag und der Slalom am Sonntag sind die Fixpunkte in diesem Opern-Programm, eröffnet wird das Wochenende ja derzeit stets vom Super-G am Freitag. Und wie schaut's vielleicht mit Damen-Rennen auf dem Hahnenkamm aus? *„1990 und 1998 sind wir mit diesen Versuchen kläglich gescheitert. Aber diese Idee geht mir nach wie vor im Kopf herum.“*

Auf der anderen Seite sagt Huber: *„Man muss das Rad doch nicht immer neu erfinden. In den Bergen Portugals stehen zum Beispiel im Niemandsland plötzlich Tausende Menschen, um Rallye-Autos vorbeifahren zu sehen. Das hat dort seine Berechtigung, seine Fans. Wenn du in New York wohnst, wirst du dich wahrscheinlich mehr für Kunst interessieren, als wenn du in Gramatneusiedl wohnst. Wo ein Meer oder ein See ist, wird halt gesegelt. Und so haben auch wir mit dem Skisport unsere Fans in unseren Kernländern. So ist das eben und so akzeptiere ich das auch. Ich sehe eigentlich keine Notwendigkeit, ständig die ganze Welt beglücken zu wollen. Aber da plaudern natürlich nicht zuletzt auch die Skifirmen mit, denn sie wollen neue Märkte erobern, noch mehr verkaufen."* Und so passiert es dann, dass Leute mit dem Jeep tagelang durch China fahren, um vielleicht einen Berg zu finden, auf dem man eine Olympia-Abfahrt durch die Bäume fällen könnte. Solche Dinge schaden doch allen, auch dem Ansehen unseres Sports! So wird es uns nicht gelingen, dass es für die Jungen „in" und vertretbar bleibt, Ski fahren zu gehen.

Bei solchen Geschichten kann Huber dann nicht nachvollziehen, dass der Skisport gerade in unseren Breiten punkto Nachhaltigkeit in die Kritik kommt: *„Wir sind definitiv die Harmlosesten unter den Harmlosen. Wenn man so will, sind die Reisebewegungen unserer Urlaubsgäste unser größter ökologischer Fußabdruck. Da können wir ansetzen. Denn muss es wirklich sein, dass wir die chinesischen Leu-*

te zum Skifahren zu uns locken? Das ist doch ökologischer Wahnsinn! Konzentrieren wir uns auf die Menschen aus den Regionen rund um unsere Alpen. Wir müssen das pflegen, was wir haben und was naheliegt."

Wie Huber betont auch Toni Giger, der Sportdirektor des Österreichischen Skiverbands (ÖSV), dass der Skisport punkto Nachhaltigkeit keinesfalls ein „schwarzes Schaf" ist: *„Ganz im Gegenteil. Ich bin der Meinung, dass mit den Ressourcen sehr gewissenhaft umgegangen wird. Wir reden beim Rennsport von einem Sport, der in Wahrheit nicht einmal eigene Sportstätten hat! Denn unser Sport findet im Allgemeinen auf Flächen statt, die für den Tourismus erbaut und betrieben werden. Das ist ein echtes Alleinstellungsmerkmal. Im Vergleich zu sehr vielen, ja zu den meisten anderen Sportarten schaut unser* CO_2*-Abdruck ganz sicher sehr bescheiden aus!"*

Wirtschaftlich wird Corona natürlich auch bei den Kitzbühelern Folgen hinterlassen. Aber in Kitz versucht man ohnehin so zu wirtschaften und zu planen, dass man bei plötzlich auftretenden Krisen und Problemen nicht gleich vor dem Abgrund steht. *„Das Leben ist ein Auf und Ab. Das trifft auf alle Bereiche zu. Als zum Beispiel 1993 die Hahnenkammrennen wegen Schneemangels abgesagt werden mussten, wollte ein Reporter von Klaus Reisch (Grundstücksbesitzer auf dem Hahnenkamm-Gelände, Anm.) auf der grünen Wiese stehend wissen, wie wirtschaftlich* *katastrophal denn diese Absage für uns sei. Aber Klaus sagte nur: ‚Wissen Sie, jetzt hab ich eben Zeit, um mit meiner Frau essen zu gehen.' Entscheidend sind die Entwicklungen in Zehn-Jahres-Schritten, da müssen Aufs und Abs miteinberechnet werden. Corona sollte uns lehren, wieder längerfristig und vernünftiger zu denken und zu planen."*

Kalender hin, Kalender her, Vermarktung hin, Vermarktung her. Als absolut größte Bedrohung für den Ski-Weltcup sieht Huber die aktuellen Verletzungsserien. Mit Schaudern erinnert er sich an die Kitzbühel-Abfahrt 2016, als das Rennen nach den schweren Stürzen von Hannes Reichelt, Aksel Lund Svindal und Georg Streitberger nach Startnummer 30 abgebrochen wurde. *„Das hat mir im Herzen weh getan. Ich war fix und fertig, konnte es einfach nicht glauben, was da passiert ist."*

Da bin ich voll bei ihm! Was mit den Knien, Hüften und Rücken der Athletinnen und Athleten passiert, das ist dramatisch. Es ist ein heißes Eisen, das keiner so richtig und konsequent anfassen möchte. Und auch hier ist für mich unausweichlich, dass endlich die FIS-Entscheidungsträger die richtigen Maßnahmen treffen. Was in den letzten Jahren beim Thema Materialentschärfung gemacht wurde, war ein ewiges Suchen und ein ständiges Hin und Her ohne ein wirklich effektives Ergebnis. Das ist doch völlig unlustig, wie jede Saison Woche für Woche eine Fahrerin und ein Fahrer nach dem anderen ausfällt und weg vom Fenster ist. Das ist doch, wie wenn bei einer Fußball-WM nach zwei Wochen die Hälfte aller Mannschaften nicht mehr antreten kann, weil sie zu viele Verletzte und zu wenig fitte Spieler haben! Das schadet brutal der Dramaturgie und dem Spannungsbogen eines Wettbewerbs. Ein Grund ist, dass den Athletinnen und Athleten einfach zu viele Schneetage vor dem eigentlichen Saisonbeginn zugemutet werden. Gletschertraining ist extrem fordernd. Somit sind viele schon bei Saisonbeginn voll am Limit. Es reicht, wenn die FIS bestimmen würde, dass erst ab September auf Schnee trainiert werden darf. Es würde reichen, dass der Weltcupauftakt in den November oder gar erst auf Anfang Dezember geschoben würde. In Zeiten der Klimaproblematik kurbeln Oktoberrennen keine Skiindustrie mehr an, das war früher vielleicht einmal der Fall.

Materialentwicklungen sind schwer in den Griff zu bekommen. Ein viel bedeutenderer Hebel müsste bei der Pistenpräparierung und bei der Kurssetzung ansetzen. Nicht nur empirisch, sondern auch wissenschaftlich muss untersucht werden, bei welchen Pistenbeschaffenheiten und welchen Kurssetzungen bzw. Radien Knieverletzungen passieren. Die größte Gefahr entsteht bei hoher Geschwindigkeit und gleichzeitigen Rhythmuswechseln in der Kurssetzung. Der Fahrer wird dann gezwungen, extreme Winkel bei hohem Tempo zu fahren, was mit hohem Verletzungsrisiko einhergeht. Daher sollten die Pistenpräparierung und die Kurssetzung Hand in Hand gehen, ohne auf Nationeninteressen bei der Auswahl der Kurssetzer zu achten.

DIE LÖSUNGSVORSCHLÄGE

- Nicht krampfhaft versuchen, mit ökologischen Wahnsinnigkeiten Märkte wie etwa China zu erobern. Lieber auf die Kernländer konzentrieren und dort ein attraktives Produkt pflegen.

- Wirtschaftlich mit mehr Weitblick arbeiten. Zwischenfälle wie Corona muss man in den Langzeitplanungen am Schirm haben und so gut wie möglich einkalkulieren.

- Entschärfung des Material- und Verletzungsproblems durch die FIS-Verantwortlichen. Und damit zurück zur alten Eleganz des Skirennsports.

- Die klassischen Disziplinen Slalom, Riesentorlauf und Abfahrt pflegen, aufwerten und attraktiv halten. „Modeerscheinungen“ wie Parallelrennen kommen und gehen.

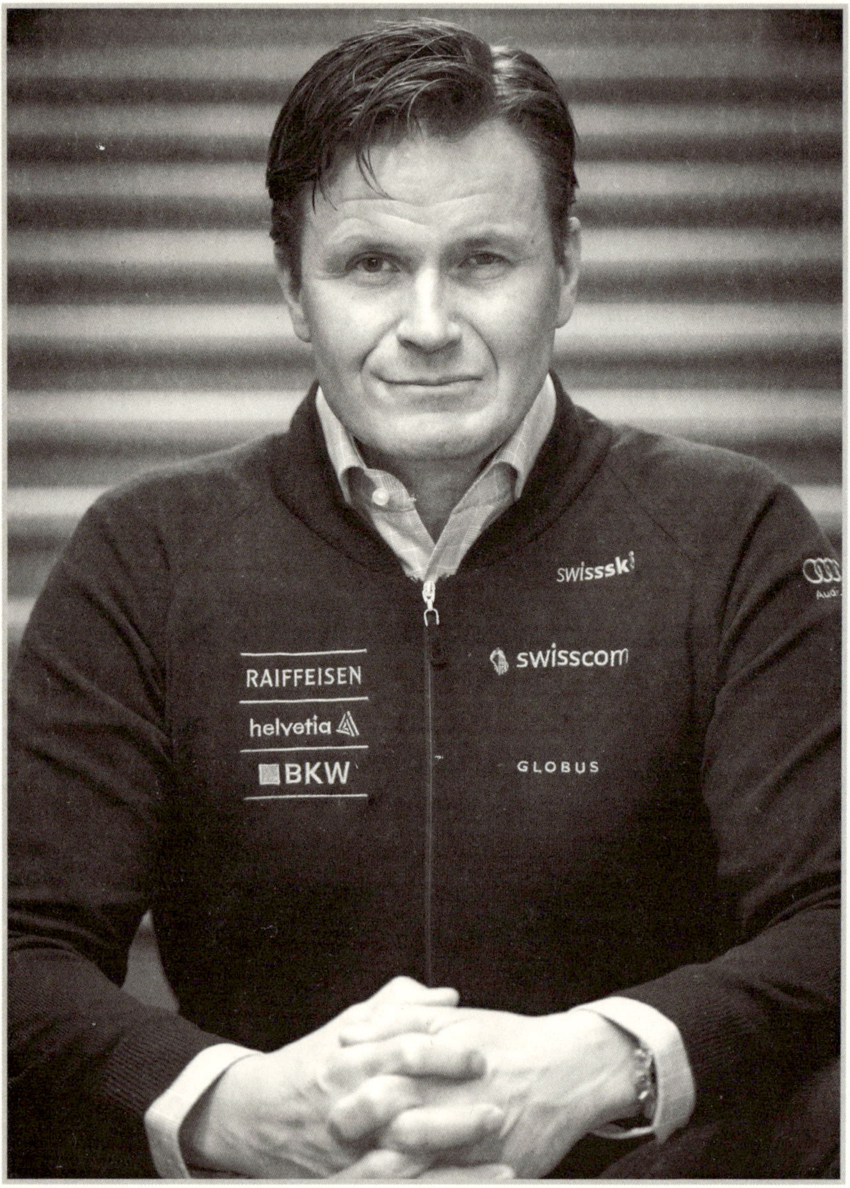

Urs Lehmann, der Swisski zurück auf die Erfolgsspur gebracht hat

FRISCHER WIND IM WELTVERBAND FIS? URS LEHMANN, JOHAN ELIASCH

Urs Lehmann (* 1. April 1969 in Rudolfstetten, Schweiz) ist ein ehemaliger Schweizer Skirennfahrer. Sein größter sportlicher Erfolg war 1993 der Sieg im Abfahrtslauf bei den Weltmeisterschaften in Morioka/Japan. Urs Lehmann wurde 2008 im Alter von nur 39 Jahren zum Präsidenten des Schweizerischen Skiverbandes gewählt und begann sofort mit tiefgreifenden Reformen. Dafür erntete er anfangs sehr viel Kritik aus allen Richtungen, dennoch blieb er unbeirrt auf seinem Reformkurs. Mit dem Sieg der Schweiz im Nationencup des Alpinen Skiweltcups 2020 erreichte er seinen bisher größten Erfolg als Verbandschef.

Im April 2020 reichte Urs Lehmann seine Bewerbung zum Präsidenten des Internationalen Skiverbandes (FIS) ein.

Johan „John" Eliasch (* 15. Februar 1962 in Stockholm) ist ein britischer Geschäftsmann und Milliardär und seit 1995 CEO des österreichisch-niederländischen Sportartikelherstellers Head. Er begann seine berufliche Karriere 1985 bei der Londoner Private-Equity-Firma Tufton Group mit der Sanierung von Unternehmen. Zudem engagiert er sich für den Umweltschutz und für erneuerbare Energien und ist in unzähligen Organisationen leitend und beratend tätig.

1995 übernahm der passionierte Skifahrer die Mehrheit des Sportartikelerzeugers Head und ist seitdem dessen CEO. 2020 erklärte John Eliasch seine Kandidatur für das Amt des Präsidenten des internationalen Skiverbandes (FIS).

Wer die Schweiz innerhalb weniger Jahre vom historischen Tiefststand zurück zur Nation Nummer eins im alpinen Ski-Weltcup führt, der muss einiges richtig gemacht haben. Und der muss auch wissen, wo in schwierigen Situationen die Hebel anzusetzen sind. Deshalb habe ich das Gespräch mit Urs Lehmann, dem Präsidenten des Schweizer Skiverbands, gesucht. Urs ist ja auch einer der aussichtsreichsten Kandidaten für das Amt des FIS-Präsidenten. Umso sympathischer, dass er sich mit mir mitten im „Wahlkampf" Gedanken über die Zukunft gemacht hat. Und das, ohne sich groß ein Blatt vor den Mund zu nehmen.

Urs war selbst ein höchst erfolgreicher Skirennläufer und krönte seine Karriere mit Abfahrts-Gold bei der WM 1993 in Morioka/Japan. Bei der Suche nach den größten Unterschieden zwischen damals und heute gibt er zu bedenken: *„Es sind einfach andere Zeiten. In den 1980er- und 1990er-Jahren gab es keine digitalen Medien, da gab's halt nur die Printmedien. Und da haben die Leute ganz anders funktioniert. Wenn da Bernhard Russi aufgetreten ist, strömten fast automatisch 10.000 Leute zusammen, weil diese Diversität, dieses Überangebot noch nicht da war. Damals war es viel einfacher für den Schneesport. Es gab Alpin und Nordisch, fertig. Heute ist es viel umfassender, komplexer."* Ein kleines Beispiel: Bei den Olympischen Winterspielen 1972 in Sapporo/Japan gab es 35 Medaillenentscheidungen in zehn Sportarten, bei den letzten Olympischen Winterspielen, 2018 in Pyeongchang/Südkorea, waren es 102 (!) Medaillenentscheidungen in 15 Sportarten. Das ist beinahe eine Verdreifachung! Bei den Olympischen Sommerspielen stieg die Zahl der Medaillenentscheidungen im selben Zeitraum von 1972 in München bis 2016 in Rio de Janeiro von 195 auf 306.

Klar, jede Sportart will olympisch werden, weil dann das große Geld fließt. Aber durch diese Fülle an Medaillenentscheidungen geht doch der Reiz verloren, die Leute kennen sich nicht mehr aus, können sich nicht mehr identifizieren. *„Das eine Thema sind die Sportarten. Dass es immer wieder neue Trendsportarten wie Freeski oder Snowboard gibt, auf die die Jungen stehen, das ist gut. Wenn die sich über einen längeren Zeitraum durchsetzen, dann sind sie auch zurecht bei Olympia. Dadurch werden wir breiter. Der entscheidende Punkt ist aber, wie viele Unterdisziplinen es mittlerweile bei gewissen Sportarten gibt, allen voran die Beispiele Schwimmen und Langlaufen. Das finde ich miserabel, das ist zu viel des Guten, das ist inflationär.“*

Damit der alpine Skisport in dieser mittlerweile so großen Masse an Sportarten nicht weiter unter die Räder kommt, muss sich einiges ändern. Meiner Meinung nach verfügt er über eine einzigartige Tradition, für mich gibt es keine schönere Sportart. Umso frustrierender ist es zu sehen, wenn die Menschen nicht mehr viel mit diesem Sport anfangen können. Das weiß natürlich auch Lehmann: *„Wir* *müssen uns besser vermarkten, das Vermarktungsverhalten völlig verändern. Wir müssen besser verstehen, die digitalen Medien zu bespielen, damit wir aus unseren Athleten Stars machen, ihnen Profil geben. Nur dazustehen und zu warten, bis die Medien kommen, das funktioniert nicht. Früher hat es gereicht, im Zielraum ein paar Interviews zu geben, und fertig. Aber in Zeiten von Internet und Social Media ist der Athlet extrem gläsern. Die Anforderung an ihn ist maximal anders geworden. Es ist eine heikle Frage, wo die Grenze zu ziehen ist. Will jeder Athlet so viel Privates von sich mit der Welt teilen? Wenn dich die Leute verehren und lieben sollen und wenn Sponsoren ihr Geld hergeben sollen, dann wird das bis zu einem gewissen Grad notwendig sein, dann wird man greifbar, nahbar sein müssen. Wenn zum Beispiel Mikaela Shiffrin musiziert und das online stellt, das fressen ihr die Leute aus der Hand, das lieben sie. Viele Athleten und auch die FIS haben leider noch nicht verstanden, dass das ‚part of the game', ein wichtiger Teil des Spiels, ist. Wie kommt Geld ins System? Nicht zuletzt durch Sponsoren. Dann soll ein Sponsor doch das Recht haben, mit ausgewählten Fans oder Kunden in den Startbereich zu kommen, vor dem Rennen die Piste zu besichtigen etc. Bei der MotoGP oder der Formel 1 sind solche Dinge längst gang und gäbe. Und auch dort müssen sich die Athleten konzentrieren, aber sie müssen sich eben anpassen. Wir müssen Emotionen zelebrieren und den Leuten und den Sponsoren näherbringen. Am Ende so eines Tages wird der Sponsor dann nur noch sagen: ‚Echt geil, wo darf ich unter-*

schreiben?' Und dann fließt Kohle. So schwer ist es doch wirklich nicht, das ist doch keine Raketenwissenschaft!"

Dass der in Deutschland so populär gewordene Biathlon zum großen Vorbild hochstilisiert werden sollte, glaubt Lehmann nicht. *„Der Biathlon ist am obersten Limit, wenn nicht schon drüber. Da wird gerade versucht, eine Sportart komplett auszuschlachten und das Maximale rauszuholen. Wie nachhaltig und lang andauernd das ist, sei dahingestellt."*

Den Ansatz, dass im Ski-Weltcup weniger mehr wäre, also dass weniger, dafür ausgewählte Highlight-Rennen für mehr Nervenkitzel sorgen würden, wischt Lehmann komplett vom Tisch: *„Wer das glaubt, macht einen Denkfehler. Das wäre das Allerdümmste. 20 Prozent weniger Events würde 20 Prozent weniger Geld und 20 Prozent weniger Möglichkeiten für die Athleten bedeuten, sich und seine Sponsoren zu präsentieren. Wir müssen nicht weniger machen, sondern es anders, besser machen. Auch beim Preisgeld sollte nicht gespart werden. Die Topstars verdienen immer noch gutes Geld, keine Frage. Aber wir brauchen da mehr Breite. Wir müssen es schaffen, dass auch die Nummern 20 oder 30 der Welt gut davon leben können. Diese Leute haben nur eine sehr begrenzte Zeit, sagen wir mal zehn Jahre, um finanziell für die Zeit nach der Karriere vorzusorgen. Früher war selbst im Europacup der finanzielle Anreiz gegeben. Aber warum sollte sich jemand heute* *diese ganzen Strapazen für 30.000 Franken Jahresverdienst antun!? Da sollen doch lieber die Verbands- und FIS-Delegationen nicht zu zehnt zu den Kongressen nach Thailand oder Rio reisen. Da stellt's mir die Haare auf. Wir müssen zu allererst immer darauf schauen, dass es den Athleten gut geht. Sie sind unser wichtigstes Kapital!"*

Um beim Thema Finanzen zu bleiben. Wir müssen schauen, dass der Skisport nicht zu elitär wird, dass es sich auch die finanziell nicht so gesegneten Familien leisten können, ihrem Kind eine mögliche Skikarriere zu finanzieren. Die Schweiz hat deshalb 2015 eine Stiftung ins Leben gerufen, mit der finanziell limitierte Eltern und Kinder gefördert werden. Nach Ende der Förderung müssen die Familien innerhalb von zehn Jahren nur 25 Prozent des Betrags zurückzahlen. Nur, wenn das Kind bzw. dann der Athlet ein Jahreseinkommen von 150.000 Schweizer Franken übersteigt, erhöht sich der zurückzuzahlende Prozentsatz auf 75. *„Wir müssen neue Wege finden, damit wir das System an der Basis breiter halten. Sonst kannst du nicht in den Himmel wachsen. Da sind alle nationalen Verbände und natürlich die FIS gefordert."*

Mein Anliegen, das Sommertraining auf den Gletschern – ähnlich wie beim Testverbot in der Formel 1 – schlichtweg zu verbieten, sieht Lehmann allerdings als unrealistisch. *„Das wird wohl nie funktionieren. Was wir aber sehr wohl weglassen können, sind diese Südamerika-Trips fürs Sommertraining. Da stellt sich schon die Frage, ob das sein* *muss."* Genauso wie unnötiges Herumreisen durch fehlgeplante Weltcupkalender. *„Wir müssen die Reisen optimieren. Kein Strickmuster, sondern einen Kreis. Vielleicht Damen und Herren bündeln, sie zusammen an einem Ort fahren lassen. Das sind wir der Natur und unserer eigenen Reputation schuldig."*

Um zu verstehen, was Lehmann gerne auf oberster FIS-Ebene machen würde, muss man verstehen, was er mit dem Schweizer Verband gemacht hat. Nach der für die Schweiz sportlich so katastrophalen WM 2005 in Bormio trat der damals nicht nur erfolglose, sondern auch finanziell in Schieflage geratene Verband an ihn heran und wollte ihn unbedingt für das Projekt Wiederaufbau gewinnen. 2008 wurde er schließlich zum Präsidenten gewählt. *„Das war schon beachtlich, denn nicht wenige haben damals gesagt: ‚Jetzt hat sich der Verband seinen größten Kritiker ins eigene Haus geholt!' Und ebenfalls sehr viele meinten: ‚Was will denn der junge Schnösel!?' Seitdem war sicher nicht alles perfekt, aber es ist extrem viel passiert, viele wurden und vieles wurde ausgemistet. Da ist kein Stein auf dem anderen geblieben, aber seit 2013 geht es wieder bergauf! Und genau das kannst du auch bei der FIS machen, da bin ich mir sicher. Ich bin motiviert, genau das auch bei der FIS zu schaffen. In den nächsten vier bis sechs Jahren müssen einige alte Zöpfe geschnitten werden, auf meiner Liste stehen zehn oder mehr Namen. Dafür müssen viele Athleten und Ex-Athleten in wichtigen Positionen sitzen. Denn meine oberste*

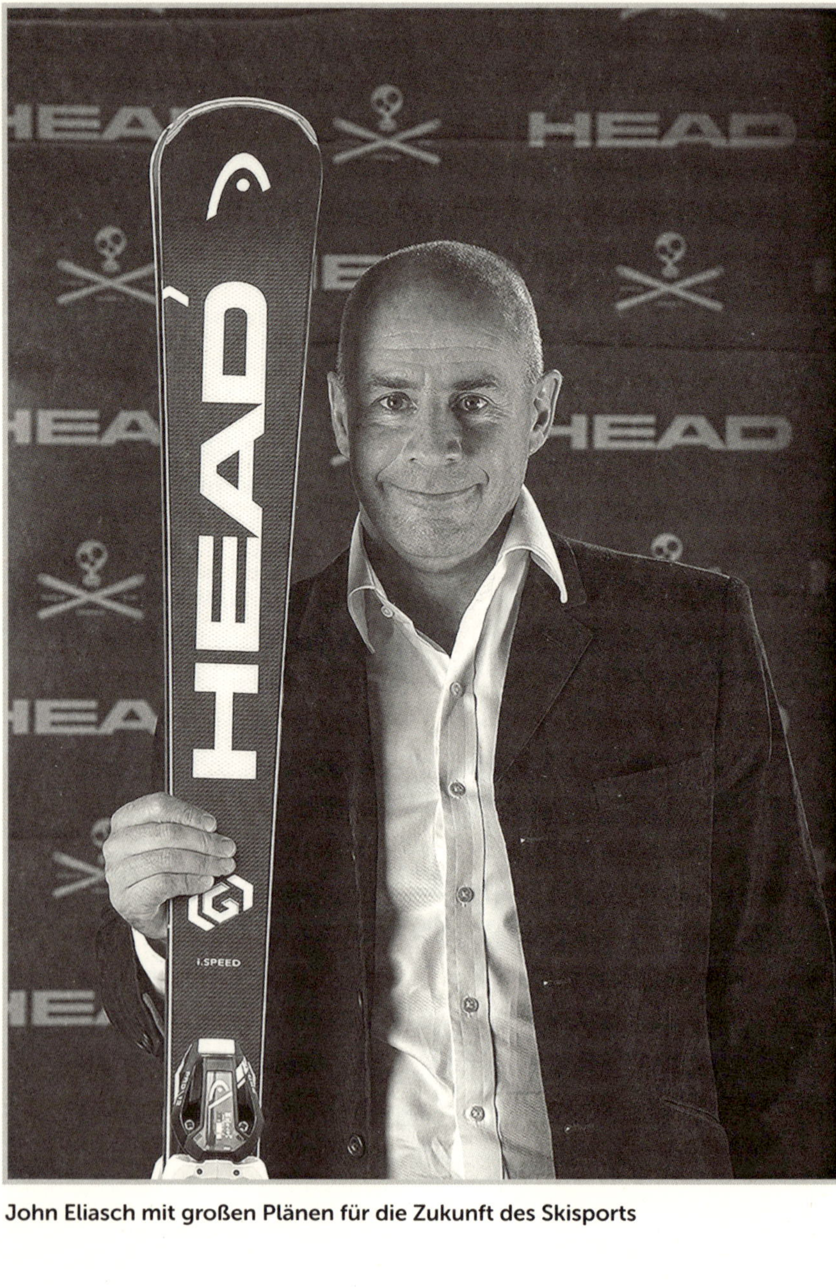

John Eliasch mit großen Plänen für die Zukunft des Skisports

Maxime ist: Wenn es den Athleten gut geht, dann geht es der gesamten Sportart und dem System gut."

Ganz egal, wer die Nachfolge von Gian-Franco Kasper als FIS-Präsident antreten wird, er oder sie muss endlich Bewegung in diesen Apparat hineinbringen. Das gilt auch für den Kandidaten Johan Eliasch, jenen in Stockholm geborenen und in London lebenden Milliardär, der ja als Chef des Sportartikel- und auch Ski-Herstellers Head schon viele, viele Stars (u. a. Lindsey Vonn, Bode Miller, Aksel Lund Svindal, Didier Cuche) unter Vertrag hatte. Ähnlich wie Lehmann würde auch Eliasch den Hebel nicht zuletzt in der Vermarktung und damit beim Generieren von Einnahmen ansetzen. „*Wir haben, nicht zuletzt dank der Arbeit von Präsident Kasper, eine großartige Plattform. Die müssen wir sinnvoll nutzen, aktiver im Marketing sein. Im Moment sind wir fast ausschließlich in Europa präsent, wir müssen mehr global denken, mehr für den US-Markt tun und die riesige Chance Olympia 2022 in China nützen. Gleichzeitig müssen wir attraktiver für die TV-Stationen werden, vor allem aus dem Grund, mehr Geld für unseren Sport und unsere Athleten, die manchmal sogar ihr Leben riskieren, zu lukrieren. Unsere Vorbilder müssen Tennis, Golf, Formel 1 sein, dorthin wollen wir kommen. Und damit müssen wir jetzt beginnen!*"

Okay, das klingt gut. Aber wie wollen wir damit anfangen? „*Wir müssen die Fans und die Sponsoren näher zu den*

Athleten bringen. Dadurch entstehen Emotionen! Diese ganzen Zäune in den Zielräumen, durch die die Zuschauer und die Stars getrennt sind, sind viel zu viel. Und wir müssen danach streben, CO_2-neutral zu sein. Nur so haben wir eine Chance bei der jungen Generation. Jede Sportart hat ihren Fußabdruck und jeder sollte sich dafür verantwortlich fühlen. Wir sollten doppelt so viele Bäume wieder neu pflanzen, wie wir vielleicht fällen. Es muss in die Köpfe der Jungen hinein, dass Skifahren eine nachhaltige Sportart ist.“

Wo der Weltcup in Zukunft Station macht, muss neu überdacht werden. *„Ich mag den aktuellen Kalender mit den großen Löchern zu Saisonbeginn rund um Sölden und Levi nicht. Es muss ein fortlaufender Kalender sein. Und wir sollten nicht dort fahren, wo nur 100 Zuschauer kommen, sondern dort, wo vielleicht 50.000 Fans kommen.“*

Apropos Sölden: Warum die Gletscher immer mehr zurückgehen, gehört für Eliasch noch deutlich besser erforscht. *„Meiner Meinung nach wissen wir Menschen nach wie vor viel zu wenig übers Klima. Die Regierungen sollten viel mehr Geld investieren, um es zu verstehen und dann richtig handeln zu können. Die Ozeane mit ihren alternierenden Strömungen El Niño und La Niña, die alle 40, 50 Jahre wechselnden Kälte-Wärme-Perioden, die alle zehn, elf Jahre sich verändernde Sonnenaktivität – das sind alles Faktoren, die da mitspielen.“*

Dass der Ski-Weltcup die USA „erobert", das haben sich schon viele vorgenommen. Welche Ideen hat Eliasch dazu? *„Wir brauchen mehr Nachtrennen wie in Schladming. Dadurch hätte man automatisch mehr Chance auf TV-Übertragungen zu einer besseren Sendezeit in den USA. Und rund um die Rennen muss es mehr Show geben, bessere TV-Produktionen. Wir brauchen mehr Bilder aus dem Startbereich, aus dem Skikeller, vom Aufwärmen. Und wir brauchen eine bessere grafische Darstellung der Geschwindigkeit, der wirkenden G-Kräfte. Man muss die Athleten atmen hören, wie in der Formel 1 sollen die TV-Zuschauer auch den Trainer-Funk hören können. Das wollen die Leute hören und sehen."*

- Neue Wege in der Vermarktung: Athleten, Verbände und Veranstalter müssen die Fans näher heranlassen. Dadurch können Zuseher die Emotionen besser mitbekommen.
- Höhere Preisgelder, denn nicht nur die Topstars müssen von ihrem Beruf leben. Es muss auch finanziell reizvoll bleiben, Skirennläufer zu werden.
- Frischer Wind in den FIS-Gremien, vor allem Integration von Sportlern und Ex-Sportlern.
- Die vielen Unterdisziplinen bei Sportarten wie Langlauf, Biathlon oder Schwimmen sind inflationär. Das sollte im Sinne zum Wohl der Fans und auch der Sportarten überdacht werden.
- Weltcup-Rennen nur dort, wo auch Faninteresse da ist.
- Mehr Nachtrennen à la Schladming, um eine Chance auf dem US-Markt zu haben.
- TV-Übertragungen: Mehr Einblick hinter die Kulissen, mehr Bilder vom Skikeller, vom Startbereich, den Trainer-Funk für die Zuschauer hörbar machen etc. Bessere grafische Darstellung der wirkenden Kräfte und der Geschwindigkeiten.
- Der Ski-Weltcup muss möglichst CO_2-neutral werden – aus Gründen der Verantwortung und weil es uns ein Anliegen ist.

DAS NORWEGISCHE ERFOLGSMODELL
CHRISTIAN MITTER

Christian Mitter (* 1. Dezember 1979 in Schladming) war bis 2019 Cheftrainer der Alpinen Ski-Herren in Norwegen und ist seither Cheftrainer der Alpinen Ski-Damen im Österreichischen Skiverband (ÖSV). Der Steirer studierte Betriebswirtschaft in Innsbruck und begann danach im steirischen Skiverband als Trainer zu arbeiten. 2007 ging er als Co-Trainer der Alpinen Damen nach Norwegen und wurde dort, nach einigen weiteren Positionen, 2015 schließlich Cheftrainer der Herren und war somit entscheidend verantwortlich für die Erfolge von Stars wie Aksel Lund Svindal, Kjetil Jansrud oder Aleksander Aamodt Kilde.

Erfolgreich, gebildet, wohlerzogen und sympathisch. Es kann doch irgendwie kein Zufall sein, dass die Norweger Parade-Skifahrer wie Lasse Kjus, Kjetil André Aamodt, Kjetil Jansrud, Aksel Lund Svindal, Aleksander Aamodt Kilde oder auch Lucas Braathen fast wie am Fließband liefern und ganz allgemein bei Olympischen Winterspielen eine wahre Flut an Goldmedaillen abstauben. Es ist doch unglaublich, dass ein Land mit nur 5,4 Millionen Einwohnern 39 Medaillen (14 davon in Gold) und damit den Medaillenspiegel bei den Olympischen Winterspielen 2018 gewonnen hat. Das ist doch Wahnsinn, das grenzt ja fast an Zauberei!

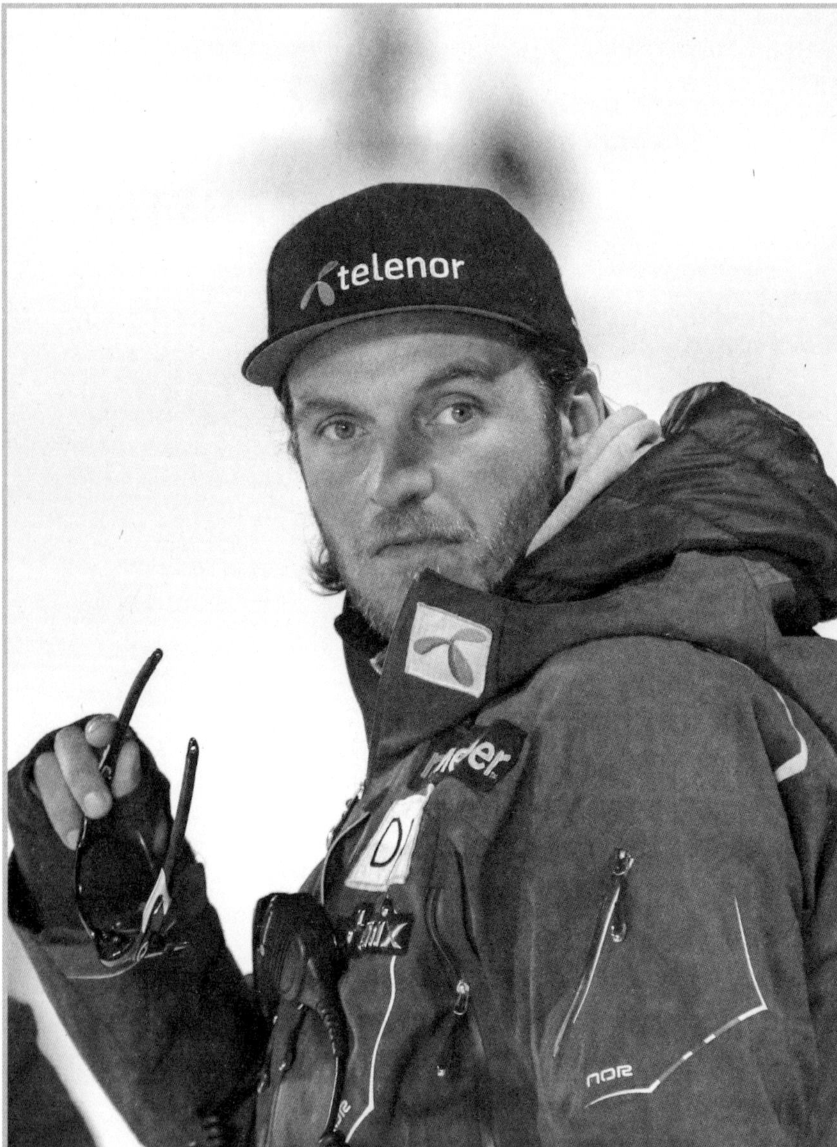

Christian Mitter nach Erfolgen in Norwegen nun beim ÖSV tätig

Es ist natürlich keine Zauberei, und auch kein Zufall. Deshalb habe ich mit einem echten Fachmann über dieses Erfolgsmodell geplaudert: Christian Mitter. Er ist zwar mittlerweile seit Sommer 2019 Cheftrainer der österreichischen Damen, davor hat er allerdings zwölf Jahre mit den norwegischen Herren höchst erfolgreich gearbeitet. Seine Frau stammt aus der schwedischen Stadt Östersund (ganz in der Nähe des zweifachen WM-Ortes Aare). Dort haben die Mitters auch bis 2019 gewohnt – und gemerkt, dass schon beim Kindergarten-Alltag sehr entscheidende Unterschiede gegenüber jenem in Österreich oder Deutschland zu erkennen sind. *„Im Kindergarten in Schweden sind die Kinder jeden Tag und auch bei jedem Wetter draußen. Wir haben unsere Kinder teilweise völlig durchnässt abgeholt. Die Kinder laufen teilweise barfuß im Regen im Wald herum. Da regen sich aber keine Eltern auf. Warum auch, Kinder sind ja keine Porzellanpuppen. Das Wichtigste ist, dass die Kinder draußen sind! Sie sind es, denke ich, von Anfang an gewohnt, körperlich und mental mehr auszuhalten. Solange es halbwegs sicher ist und nicht minus 26 Grad hat, ist man von klein auf so viel wie möglich im Freien."*

Die Kids in Skandinavien wachsen also viel naturbezogener auf. *„Der wichtigste Unterschied: Sie wachsen wild auf, sozusagen wie im wilden Westen. Und da wird nichts verkompliziert. Die Norweger fahren gerne in ihre Hütten, die meist direkt neben den Skipisten liegen. Dort steckt dann einer der Papas einen Lauf. Und dann fahren alle von die-*

sem Hüttenfeld – von den Minis bis zu manchem FIS-Fahrer – diesen Kurs. Ohne große Instruktionen, ohne Drill. Jeder schaut, wie er am schnellsten durch den Lauf kommt. Dadurch entwickeln sich das Skifahren und die Technik dieser Kinder ganz anders, viel spielerischer. Und wenn du als kleiner Siebenjähriger mit Europacup-Läufern mittrainierst, kannst du dir irrsinnig viel abschauen. Für die Kleinen sind die Großen dann auch nicht so fremd und meilenweit entfernt. Das motiviert den Nachwuchs ungemein! In Ländern wie Österreich wird da meiner Meinung nach viel zu früh auf Taktik oder körperliche Dinge geschaut. Wenn ich sehe, dass Acht- oder Zehnjährige auf ein Technikbild hingedrillt werden oder an der Armhaltung herumgetüftelt wird, da werd ich wahnsinnig. Da wird auch viel zu früh selektiert und ausgegrenzt. Bis es da die Leute in den Weltcup geschafft haben, sind sie x-mal für gut oder schlecht befunden worden. Wenn sie irgendwann dann wirklich den Weltcup erreicht haben, sind sie schon fix und fertig, fast wie gelähmt. Überspitzt gesagt: In Norwegen kriegst du sauschnelle Naturskifahrer, die du dann klarerweise taktisch ein bisschen schulen musst. In anderen Systemen bekommst du saubere Skifahrer, die aber langsam sind. Wobei man natürlich zu Österreich auch dazusagen muss: Hier ist das Skifahren halt der Nationalsport, da glaubt jeder, dass er sich auskennt und mitreden muss.“

Mitter nimmt Aleksander Aamodt Kilde, den Gesamt-Weltcup-Gewinner 2019/20, als Beispiel. *„Aleks wurde* *drei Jahre lang, ab dem Alter von 16, ganz behutsam Richtung Europacup aufgebaut, ohne dass irgendjemand reingepfuscht hat. Ganz ruhig und im Schatten. Manchmal, wenn wir die Österreicher mit ihren ganzen Audis und Bussen und den Trainingsläufen mit drei Zwischenzeiten gesehen haben, hab ich schon ein bisschen zu zweifeln begonnen. Aber im Endeffekt hatten wir die Freiheit, etwas Langfristiges aufzubauen.*" Während aber zum Beispiel in Österreich die Stützpunkte auf mehrere Regionen verteilt sind, ist es in Norwegen fast Pflicht, in den Großraum Oslo zu ziehen. Dort laufen nämlich im sogenannten Olympiatoppen alle Fäden zusammen. Dass sich dort alle Sportler und Teamkollegen auf sehr engem Raum tummeln, ist sicher auch einer der Gründe, warum das Mannschaftsgefüge bei den „Elchen" fast immer hervorragend ist. Und die Mentalität ist von Anfang an auf Siege ausgerichtet. *„In manchen Ländern sagt man: Cool, da nehmen wir einen siebenten Platz mit. In Norwegen geht's nicht um irgendwelche Weltcup-Punkte, da wird nach Saisonsiegen, Medaillen und Kristallkugeln abgerechnet.*"

Es wäre aber natürlich gelogen, wenn man behauptete, dass bei den Norwegern immer alles eitel Wonne ist. Das gibt's in keinem Team der Welt. Nehmen wir doch die jahrelangen Streitereien zwischen Henrik Kristoffersen und dem restlichen Team und dem Verband her. Dabei ging es darum, dass sich Henrik ungerecht behandelt fühlte. Er sah, wie sein Teamkollege Svindal aufgrund einer Sondergenehmigung die Werbefläche auf seinem Kopf selbst vermarkten und verkaufen durfte. Das wollte er dann mit steigenden Erfolgen und steigendem Bekanntheitsgrad auch. Es entflammte ein Streit, der sogar vor Gericht ausgefochten wurde. Abgesehen davon, wer recht hatte oder nicht, ist das ein Thema, bei dem Mitter sehr nachdenklich und emotional wird. *„Dieser ständige Kampf Individualismus gegen Gemeinschaft hat mich in den letzten Jahren stark am Spitzensport zweifeln lassen. Eigentlich sehe ich drei, nennen wir es Berechtigungen, warum der Spitzensport so wichtig ist und so eine Rolle in der Gesellschaft einnimmt. Erstens: Wenn ein Deutscher, Österreicher oder wer auch immer gewinnt, dann löst das ein kollektives gutes Gefühl in dem jeweiligen Land aus. Das schaffen nur sehr, sehr wenige andere Berufe. Zweitens: Der Spitzensport hat eine immense Vorbildwirkung für unsere Kinder. Wenn auch nur drei oder vier Kinder dadurch lieber mit den Skiern einen Hang runterfahren als vor dem Computer zu sitzen, dann ist es das schon wert. Und drittens: Der Sport sollte auch ein Vorbild für unsere Gesellschaft sein: ehrlich, sauber, respektvoll, ehrgeizig."* Es ist für Mitter bei Kristoffersen vor allem eine Szene, die vieles dieser Vorbildwirkung des Sports untergraben hat: jene im Rahmen des Schladming-Slaloms 2017. Damals siegte Kristoffersen hauchdünn vor Österreichs Nationalhelden Hirscher. „Wer ist der König? Küsst meinen Arsch!", brüllte der Norweger danach (in seiner Muttersprache) in die Kameras. Es dauerte natürlich nicht lange, bis auch alle Nicht-Norweger wussten, was Henrik da geschrien hat. „*Für mich als Kind der Ramsau war das in Schladming ein echter Heimsieg*“, erzählt Mitter. „*Aber ich hätte niemals gedacht, wie sehr man sich für so einen eigentlich wunderschönen Sieg schämen kann. Zum Glück war meine Tochter noch zu klein und hat davon nichts mitbekommen. Ansonsten hätte ich nicht gewusst, was ich ihr hätte sagen sollen. Da stellst du dir schon die Frage: Wofür tust du das? Wofür versuchst du jeden Tag mit höchstem Einsatz, am Teamgefüge zu arbeiten, wenn den Kindern dann Egoisten, Narzissten als ihre angeblichen Vorbilder vorgesetzt werden? Soll ich meiner Tochter wirklich empfehlen, dass sie Sportlerin werden soll, wenn sie dann vielleicht in 20 Jahren ein emotionaler Krüppel ist? Aber dann gibt es so Leute wie Aksel oder auch dich, Felix. Die zeigen, dass es auch normal geht. Die echten Superstars sind die, die gentlemanlike und sozial verträglich gewinnen und verlieren. Ich schau zum Beispiel auch irrsinnig gerne Damen-Fußball. Das ist noch ehrlicher, echter Fußball. Der Männer-Fußball und seine finanzielle Entwicklung haben mich hingegen zweifeln lassen.*“

Auch ich muss gestehen, dass die Schladming-Geschichte mit Henrik eine der absolut prägendsten in meiner Karriere war. Ich bin in diesem Rennen im zweiten Durchgang ausgeschieden, hab dann die Entscheidung und das Spektakel vom Pistenrand aus verfolgt. Wie sich Henrik da verhalten hat, das war unterirdisch und weit weg von meiner Vorstellung, wie sich ein Sportler verhalten sollte. Eigentlich hätten ihm an diesem Abend zwei Watschen links und rechts gehört. Junge, wach doch endlich auf! Das Problem ist: Wenn du permanent nur von 30, 40 Leuten umgeben bist, die dir alle sagen, wie geil du bist, verlierst du irgendwann die Bodenhaftung und den Bezug zur Realität. Ich hab mir da echt die Frage gestellt, wie man es schaffen könnte, dass der Bursche normal wird. Ich wollte ihm helfen. Und hab mich deshalb nicht für die Watschen, sondern für einen anderen Weg entschieden. Ich wusste, dass Henrik ein großer Fan von Manchester United ist. Zu dieser Zeit spielte gerade mein Freund Basti Schweinsteiger bei ManU. Also bat ich den Basti, dass er mir für Henrik ein unterschriebenes Trikot schickt. Dieses Trikot hab ich Henrik dann bei der WM 2017 in St. Moritz geschenkt. Ich wollte ihm zeigen, dass es auch anders geht. Dass man Gutes tun sollte, nett und respektvoll miteinander umgehen muss. Andere ManU-Fans wären für dieses Leiberl wohl gestorben. Ob Henrik die Botschaft geschnallt hat … ich weiß es nach wie vor nicht.

Auch was diesen Egoismus, diese Selbstdarstellung betrifft, könnte Corona positive Nebeneffekte haben. Das hofft auch Mitter: *„Manchmal denk ich mir: ‚Vielleicht sollte sich die gesamte westliche Welt jedes Jahr im März in einen Lockdown begeben.' Man hat gemerkt, dass die Menschen demütiger werden, sich aufs Wesentliche besinnen, den Wert des Miteinanders mehr schätzen. Das hat mir wieder ein bisschen den Glauben zurückgegeben. Ich hoffe, diese Grundstimmung hält noch länger an."*

Für den Ski-Weltcup wünscht sich Mitter: „*Meine Mutter hat drei Söhne, alle sind seit Jahrzehnten im Ski-Weltcup unterwegs. Und wenn dann sogar die Mama den Überblick verloren hat und mich anruft und fragt: ‚Was ist denn heute überhaupt für ein Rennen?‘, dann läuten bei mir die Alarmglocken. Da wurde in den letzten Jahren so viel an den Formaten herumgedoktert, da wurden Sachen beschlossen, die aus der Hüfte geschossen wurden. Meiner Meinung nach brauchen wir als Skisport wieder mehr Selbstvertrauen! Wir haben doch unsere Klassiker, die super und gut sind. Wir müssen nicht irgendetwas auf Zwang nachjagen. Der Kalender ist halt teilweise grenzwertig. Nehmen wir Weihnachten: Jeder Jahr muss der Herren-Tross am 25. Dezember um 7 Uhr früh Richtung Bormio fahren, weil dort am nächsten Tag das erste Abfahrtstraining ist. Da stell ich mir die Frage: Warum machen wir nicht am 25. Dezember einen Nachtslalom!? Dann zahlt sich das Ganze wenigstens aus, da hast du garantiert ein Millionen-Publikum!*“

- Vorbild Skandinavien: Die Kinder verbringen – vor allem in der Schulzeit – viel mehr Zeit draußen in der Natur und an der frischen Luft. Auch bei schlechterem Wetter.
- Behutsameres Aufbauen der Talente. Kein zu früher Drill, keine zu frühen Selektionen und Ausmusterungen.
- Die Athleten müssen sich ihrer großen Vorbildwirkung für die Kinder und für die Gesellschaft bewusst sein – Die echten Superstars sind die, die gentlemanlike und sozial verträglich gewinnen und verlieren.

TV-HIT ODER QUOTEN-FLOP? MICHAEL KÖGLER, STEFAN KRAUSS

Michael Kögler (* 22. November 1964 in Horn, Niederösterreich) ist Chef-Regisseur des ORF-Sports und seit 1991 für die Regie bei internationalen Sport-Events verantwortlich. Kögler ist Schüler der ORF-Regie-Legenden Lucky Schmidleitner und Fritz Melchert, die beide die TV-Übertragung des Skiweltcups maßgeblich prägten und internationale Standards setzten. Auch Kögler gilt heute als bester Regisseur im alpinen Skiweltcup. Daneben war und ist er verantwortlicher Regisseur bei Fußball-, Eishockey-, Motorsport- und Beach-Volleyball-Events. 2018 wurde er bei den Olympischen Winterspielen in Pyeongchang vom Internationalen Olympischen Komitee mit der Regie der TV-Übertragung der Biathlonbewerbe beauftragt.

Für seine Regiearbeit beim Red Bull Air Race 2008 erhielt Michael Kögler den Emmy Award.

Stefan Krauß (* 25. Juni 1967 in Berchtesgaden, Bayern) ist ein ehemaliger deutscher Skirennläufer in den Disziplinen Abfahrt und Super-G. Nach seiner sportlichen Laufbahn machte er in Köln die Ausbildung zum Diplom-Trainer und war Generalsekretär und Sportdirektor des Bob- und Schlittenverbandes für Deutschland e.V. (BSD). 2008 ging Stefan Krauß zum Deutschen Skiverband (DSV) und wurde Geschäftsführer von dessen Marketing GmbH.

2012 wechselte der Bayer zum internationalen Sportmarketing-Unternehmen Infront Sports & Media, das auf die weltweite Vermarktung von Medien- und Sponsoringrechten für Sportveranstaltungen sowie auf Medienproduktion spezialisiert ist. Inzwischen ist Stefan

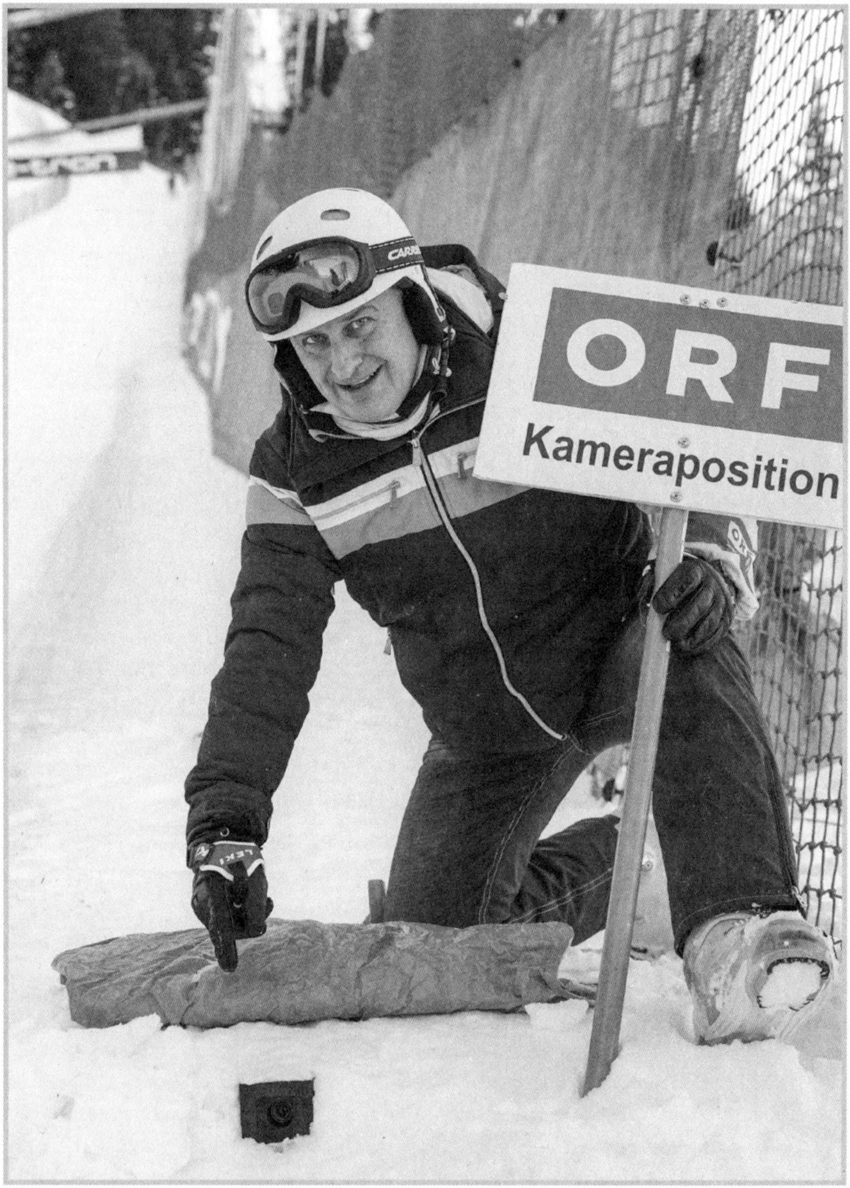

Michael Kögler mit einer seiner „versteckten" Kameras in Kitzbühel

Krauß Vice President bei Infront Sports, leitet den Bereich Winter Sports im Unternehmen und ist Geschäftsführer der Österreichischen Tochterfirma Infront Austria.

Ein Skirennen als Gassenfeger!? Ja, das hat's früher öfter gegeben. Heutzutage funktioniert das international gesehen meistens nur noch dann, wenn in Kitzbühel die legendäre Abfahrt gefahren wird oder Nachtslalom in Schladming auf dem Programm steht. Das breite Interesse ist stark auf die sogenannten Kernländer und Kernregionen reduziert: Österreich, Schweiz, Deutschland (Bayern), Italien, Skandinavien und teilweise Frankreich. Dazu kommen noch Nationen (USA, Kanada, Japan, Slowakei, Slowenien, Kroatien …), bei denen das Interesse entscheidend davon abhängt, ob gerade eine Athletin oder ein Athlet um Siege mitfährt. Österreich nimmt dabei eine Sonderstellung ein. Hier ist der Skisport gewissermaßen in die DNA der Menschen injiziert. Dass am Wochenende Skifahren geschaut wird, und sei's nur der erste Durchgang des Damen-Slaloms in Spindlermühle, wird einfach (noch?) nicht hinterfragt. Das ist einfach so! In der Ära von Marcel Hirscher schauten teilweise mehr als zwei Millionen Österreicher zu, wenn der Held der Nation zum Beispiel beim Nachtslalom in Schladming am Start stand. Bei einer Einwohnerzahl von 8,86 Millionen ist das äußerst beachtlich.

Michael Kögler arbeitet seit 1984 beim österreichischen öffentlich-rechtlichen Rundfunk ORF und ist seit 2015

Chef-Regisseur der ORF-Sportredaktion. Mit ihm habe ich darüber gesprochen, wie der Skisport aus TV-Sicht dasteht. Und wie er in fünf, zehn, zwanzig Jahren dastehen sollte, damit er noch immer vermarktet werden kann. Kögler weiß natürlich wie kaum ein anderer, wie der rot-weiß-rote Sportfan und TV-Sportkonsument tickt. Und dass die Rolle des Skisports in Österreich ein nationales Phänomen ist. *„Österreich ist ein spezieller Fall. Bei uns ist der Skisport die Nationalsportart. In fast allen anderen Ländern kommt der Fußball an erster Stelle, dann nochmal der Fußball und dann nochmal der Fußball. In Österreich hat der Skisport hingegen die Möglichkeit, mit den Topsportarten wie Fußball oder Formel 1 ganz locker mitzuhalten. Die Quoten sind seit vielen Jahren konstant hoch."*

Aber auch in Österreich wirkte sich zum Beispiel der Hirscher-Rücktritt (2019) auf die Quoten aus. *„Da wurde jahrelang gelästert, dass Leute wie Hermann Maier oder Marcel den Sport zu Tode siegen. Aber es sind genau diese 200.000 bis 300.000 Zuschauer mehr, die wegen so einem Superstar einschalten. Weil sie wissen wollen, ob er wieder siegt. Oder ihn auch mal verlieren sehen wollen! Das ist das Prickelnde an der Sache."* Der Skisport „funktioniert" aber als TV-Magnet in Österreich auch ohne einen absoluten aktuellen nationalen Superhelden gut. Ähnlich ist es übrigens auch in der Formel 1: *„Die Formel 1 funktioniert auch ohne österreichischen Piloten aufgrund der jahrzehntelangen Tradition mit Persönlichkeiten wie Jochen Rindt, Niki*

Lauda oder Gerhard Berger. Und weil viele Teams starken Österreich-Bezug haben."

Mittelfristig gesehen, wird Österreich und damit auch der ORF aber einen neuen Ski-Nationalhelden brauchen, einen Nachfolger für Franz Klammer, Hermann Maier, Stephan Eberharter, Benjamin Raich oder Marcel Hirscher. Nicht zu vergessen, dass nun mit Anna Veith auch der weibliche Superstar der vergangenen Jahre zurückgetreten ist. „*Wir hatten jetzt 25 Jahre immer Typen, nationale Helden. Diese nationalen Helden, die jeder Sport braucht. Die Formel 1 braucht zum Beispiel einen Lewis Hamilton, das Tennis Leute wie Roger Federer, Rafael Nadal und Novak Đjoković. Und derzeit haben wir das große Problem im Skisport und auch für den ORF: es gibt keine Typen. Das trifft nicht nur auf Österreich zu. Das wurde mit den Rücktritten von Leuten wie Aksel Lund Svindal, Lindsey Vonn und auch dir, Felix, zu einem internationalen Problem.*"

Bei den absoluten Höhepunkten wie Kitzbühel und Schladming fällt das nicht merklich ins Gewicht. „*Wenn in Kitzbühel gefahren wird, werden die Leute immer zuschauen*", ist Michael Kögler überzeugt. Bei allen anderen Rennen aber schon. Und so wird man gegenüber Weltsportarten zusehends an Boden verlieren. Kögler, der ohnehin „heutzutage ein Problem des Überangebots" sieht, sagt: „*Der Fußball ist mittlerweile ein Ganzjahressport geworden. Die Champions League fährt sowieso über alles drüber. Und auch die Formel 1 will in Zukunft 22 bis 24 Rennen pro Jahr fahren. Auch das nimmt dem Skisport Sendezeit weg. Da ist der Skisport, vor allem international gesehen, nur die letzte Wahl.“* Kögler versuchte schon in vielen stundenlangen Gesprächen, beim Weltverband FIS Gehör zu finden. *„Die FIS hat eine schlechte Struktur und Ordnung. Zusätzlich zur Konkurrenz durch andere Sportarten bespielt sich die FIS mit Topprodukten aus dem eigenen Lager selbst! Wie zum Beispiel mit Skifahren und Skispringen. Im Tennis würde es doch niemals parallel zu einem Grand-Slam-Turnier noch zwei andere Millionen-Turniere geben! Und im Golf neben den British Open auch niemals ein anderes Top-Turnier. Die FIS schafft es nicht, Schwerpunkte zu setzen. Vielleicht hilft da Corona, dass sie über ihren Schatten springt. Der ganze Kalender gehört überarbeitet, und da darf es keine Tabus geben! Dazu kommt diese Fülle an neuen, kleinen Internet-Sendern. Gartensender, Fischersender, Holzfällen leicht gemacht und viele, viele mehr … Die alle haben nur ein relativ geringes Publikum, aber alles zusammen ergibt das eine ganz schöne Menge an Leuten, die dir verloren gehen. Was man daher in diesen Zeiten mehr denn je braucht, ist ein fernsehgerechter Skisport!“*

Das Musterbeispiel in dieser Hinsicht ist für Kögler der Biathlon. Jener Biathlon also, der in Deutschland längst den alpinen Skisport als Nummer eins bei den TV-Zuschauern abgelöst und mit Millionen-Quoten meilenweit abgehängt hat. *„Der Biathlon hat den Skisport in den letzten 20 Jah-*

ren deshalb überholt, weil sie dort ein perfektes TV-Produkt geschaffen haben. Die Leute sind aufs Fernsehen zugekommen und haben gefragt: ‚Wie wollt ihr es, wie lange wollt ihr es?' Und jetzt ist das für den TV-Konsumenten eine geniale, übersichtliche, kompakte und leicht verständliche Geschichte. Die FIS muss sich dem TV annähern, ist aber in ihrer Struktur viel zu träge und nicht mutig genug für Entscheidungen und Veränderungen. Mittlerweile wird ja anstelle des ersten Slalom-Durchgangs aus Kitzbühel in Deutschland lieber ein Bobrennen gezeigt."

Köglers Forderungen zielen vor allem auf zeitlich deutlich komprimiertere Bewerbe ab. Bei den Speed-Events (Abfahrt, Super-G) sollten maximal 40 Starter teilnehmen dürfen. In den ersten Durchgängen der technischen Bewerbe maximal 45. Dadurch würden die quälend langen Renntage (erster und zweiter Durchgang sind aktuell durch mindestens drei Stunden getrennt) deutlich kürzer werden. Neben dem Biathlon hat in dieser Hinsicht auch schon das Skispringen richtige Schritte gesetzt. Früher waren in den Bewerben bis zu 100 Springer dabei. Jetzt gibt's das Qualifikationsspringen am Vortag, nur die besten 50 schaffen es in den Hauptbewerb. „*Mit der Quali schafft man sich sogar zusätzliche TV-Zeit, eine Superlösung. Genau dahin muss es auch im Skisport gehen.*"

Eine Kernfrage ist natürlich: Welche Disziplinen verkaufen sich am besten an den TV-Konsumenten? Ich habe da ja eine ganz klare persönliche Meinung. Ich sehe in Zukunft wieder die drei Kerndisziplinen Slalom, Riesentorlauf und Abfahrt. Alles Weitere hat zu dem Überangebot geführt, bei dem sich die Leute mittlerweile nicht mehr auskennen. Da gewinnt zum Beispiel ein Thomas Dreßen in Lake Louise, und alle Skifans in Deutschland wollen ihn am nächsten Wochenende wieder sehen. Aber da wird eine Kombi in Frankreich gefahren. Wie sollst du das dem normalen Fan klarmachen, dass der Dreßen da gar nicht mitfährt? Apropos Kombi, was hält Kögler davon? *„Superkombi, Kombi, wie auch immer: das ist eine Totgeburt! Es wurde mittlerweile mehrmals versucht, die Kombi zu retten. Aber das ist ein Traum der Nostalgiker. Vergiss es! Die Zeiten eines Toni Sailer gibt es nicht mehr. Es geht eben immer mehr in Richtung Spezialistentum.“* Um die Diskussion um Fairness im Kampf um den Gesamt-Weltcup im Keim zu ersticken, könnte man für die Speed-Piloten ja auch einige Super-G-Rennen am Leben erhalten. Aber für den normalen Zuschauer ist mittlerweile der Unterschied zwischen einer Abfahrt und einem Super-G gar nicht mehr zu erkennen. Köglers Idee dazu: *„Damit der Zuschauer gleich weiß, ob gerade eine Abfahrt oder ein Super-G gefahren wird, könnte man unterschiedliche Torflaggenfarben verwenden. Oder zum Beispiel im Super-G quer gestreifte Torflaggen.“* Im Gegensatz zur Kombi sind für Kögler die Parallelbewerbe nicht zwingend zu streichen. *„Wenn sie perfekt gemacht sind, so wie zum Beispiel in Alta Badia, dann haben sie durchaus ihren Reiz, weil sie für die Zuschauer leicht nach-*

zuvollziehen sind: Wer als Erster ins Ziel kommt, hat gewonnen. Momentan ziehen sie sich aber noch fürchterlich in die Länge.“

Die Vorteile von kompakteren Bewerben und einem übersichtlichen Kalender liegen auf der Hand. So wäre es zum Beispiel auch möglich, mehr Sendezeit für die einzelnen Starter zu haben, sie besser vorstellen und durch den Bewerb begleiten zu können. Und so könnte man entscheidend helfen, die Sportler wieder näher an die Zuschauer heranzubekommen, sie greifbarer zu machen – was im Skisport dringend notwendig ist. Denn in Sportarten wie zum Beispiel Tennis oder Fußball werden die Emotionen automatisch durch die Gesichter der Sportler transportiert. Skifahrer „verstecken“ sich hingegen hinter Helm und Brille. *„Durch weniger Starter hätte man größere Zeitintervalle zwischen den Läufern. Da könnte man die Athleten besser vorstellen, sie beim Aufwärmen zeigen, Themen und Rivalitäten besser erzählen und darstellen. Wenn nur einer nach dem anderen den Berg runterfährt, wird's doch fad. In der Formel 1 ist zum Beispiel die Phase vor dem Start die wichtigste. Da sieht man den Fahrer, den Menschen hinter dem Helm. So schaut der aus, das ist seine Augenfarbe, das seine Haarfarbe. Da werden Emotionen geweckt.“*

Aber auch die Sportler selbst stehen da in der Pflicht. Sie müssen einfach mehr „hergeben“, mehr von sich preisgeben. *„Sehr viele Athleten machen es einem da wirklich* *schwer. Das geht nicht, das geht nicht und das geht schon gar nicht. Nur ein sportlicher Topathlet zu sein, das reicht doch nicht! Es gibt für die Sportler vor allem deshalb das große Geld, weil die Sponsoren mit ihnen ihre Botschaft verkaufen können. Dafür müssen die Sportler aber auch eine Personality kreieren, da sind sie auch in der Pflicht! Das ist ein wichtiger Teil des Gesamtkonzepts."*

Wie nah sollten die TV-Journalisten und anderen Medienvertreter an die Aktiven herandürfen? *„Die Fernsehanstalten haben durch Corona alle dasselbe Problem: Der Preis für die Sportrechte ist extrem hoch, aber das Geld ist knapp. Ich denke, man muss es intelligent machen. Ich verstehe, dass zum Beispiel ein Lewis Hamilton nicht 80 TV-Anstalten zu sich nach Hause einladen kann. Dann soll eben das Team seines Vertrauens kommen und dann den anderen Anstalten die Inhalte perfekt aufbereitet anbieten."* Um wieder beim Skifahren zu bleiben: *„Lindsey Vonn war in dieser Hinsicht ein Musterbeispiel, wie es gemacht wird. Sie hat gemeinsam mit ihrem Sponsor Red Bull von sich aus auf ihren Kanälen perfekte Geschichten abseits der Rennergebnisse in höchster Qualität angeboten. Was frühstückt sie? Wie wohnt sie? Wie trainiert sie? Natürlich hat Red Bull dadurch seine Botschaft, also die Dose, immer untergebracht. Aber es war eine Win-Win-Situation für alle Beteiligten. Die meisten anderen Sponsoren kommen nicht darüber hinaus, ihr Pickerl auf den Athleten draufzukleben, und das war's. Das ist doch keine Sponsorentätigkeit!"*

Apropos Lindsey Vonn. Da kann Kögler von der WM 2015 in Vail/Beaver Creek eine vielsagende Geschichte erzählen: *„Damals war Lindsey ja mit Tiger Woods liiert. Das hat dem Skisport Schlagzeilen in der ganzen Welt gebracht! Und Tiger schaute seiner Lindsey beim Super-G auch wirklich live vor Ort zu. Im Zielraum lagen sich die beiden dann in den Armen. Natürlich war meine Anweisung: ‚Drauf bleiben auf den beiden, so lange es geht!' Dadurch wurde die Fahrt einer Schweizerin um ein paar Sekunden kürzer gezeigt, was von manchen herbe Kritik und wüste Diskussionen zur Folge hatte. Dabei ist doch jede Sekunde, die Lindsey und Tiger zeigte, für diesen Sport Gold wert. Das war die Geschichte! Es mag zwar oberflächlich klingen, aber nur mit solchen Bildern und Geschichten hat der Skisport die Chance, auch in anderen Ländern als Österreich oder der Schweiz zu punkten!"*

Dabei steht für Kögler fest: *„Die Skisportler sind die unterschätztesten Sportler von allen! Wer sich mit 140 km/h die Streif in Kitzbühel hinunterschmeißt und dabei als einzigen Schutz am Körper einen Helm und zwei Protektoren hat, der ist ein echter Held. Sie fahren dabei über eisige Stellen, die kein Normalsterblicher bewältigen könnte. Das Problem dabei: Steilheit und Speed sind die zwei schwierigsten im Fernsehen rüberzubringenden Faktoren! Man muss also enorm viel Geld investieren für eine richtig gute Ski-Übertragung."*

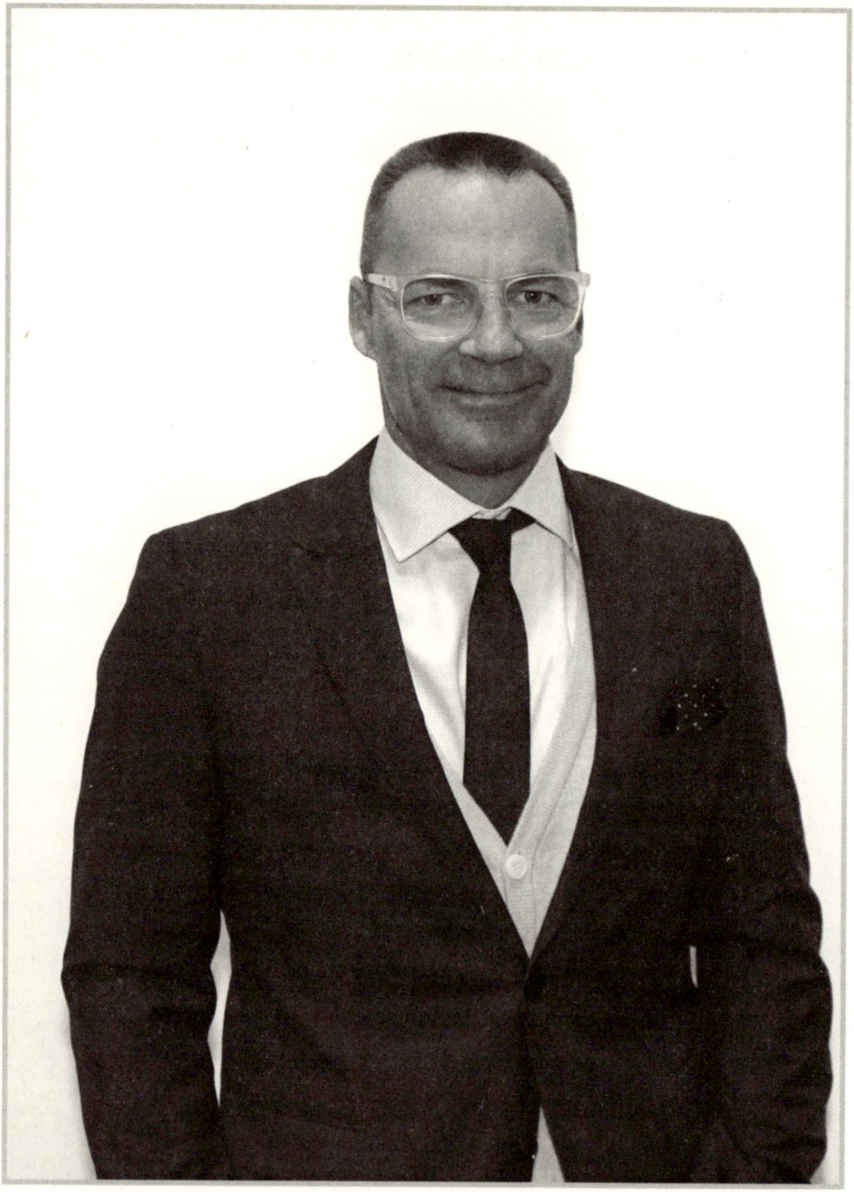

Stefan Krauß managt die wichtigsten TV-Rechte im Wintersport

natürlich ein Krauß :)

„Innovative Ideen wie etwa die Cockpit-Kamera in der Formel 1 wären auch im Skisport extrem wichtig. Man könnte zum Beispiel auch Mikrofone in die Startnummern einarbeiten. Da hörst du, wie der Athlet atmet, was er kurz vor dem Start oder während der Fahrt schreit oder sagt. Auch da nenne ich die Formel 1 als Beispiel. Der Boxenfunk, über den die Piloten mit ihrem Team während des Rennens kommunizieren, bringt im Endeffekt die meisten Emotionen rüber. Warum also nicht zum Beispiel auch den FIS-Funk für den TV-Zuschauer hörbar machen? Im Endeffekt geht es um den Schlüssellocheffekt: Der Zuschauer will so nahe wie möglich dran sein. Nur als Beispiel: Dinge wie der Brunftschrei des Schweizers Ramon Zenhäusern vor dem Start, das wollen die Leute sehen und hören, das sind die geilen Geschichten. Auch grafisch könnte man viel, viel mehr herausholen. Da ist Partner Longines auch gefragt. Der Skisport ist da noch ganz weit weg von vielen Weltsportarten. Er muss jugendlicher, peppiger werden."

Der zweite Experte, den ich mir beim Thema Fernsehvermarktung des Skisports ausgesucht habe, ist Stefan Krauß. Stefan hat jahrzehntelange Erfahrung im Wintersport – als Sportler, Trainer, Organisator von Sportevents und Marketing-Experte. Seit 2012 arbeitet er für die Firma Infront, einer der Werbe- und TV-Rechte-Inhaber des Ski-Weltcups. Krauß ist überzeugt, dass Corona als Chance genutzt werden muss, um angesichts der eingefahrenen FIS-Struktur überfällige Reformen endlich auch durchzuführen. *„Diese Reformen werden und müssen jetzt kommen. Denn das aktuelle Bild der alpinen Ski-Welt schaut so aus: viel zu viele Disziplinen, zu viele Rennen, zu viele Starter, zu lange Wettkämpfe und es werden zu viele Titel vergeben. Jedes zweite Jahr gibt es mittlerweile zwölf Mal WM-Gold. Dazu jedes Jahr die Einzel- und Gesamt-Weltcup-Gewinner. Das ist inflationär, das muss wieder auf die Kerndisziplinen reduziert werden, frei nach dem Motto: ‚Willst du was gelten, mache dich selten.' Wir müssen uns auf Formate konzentrieren, die der Fan leicht kapiert und attraktiv findet. Und die dann ordentlich promoten."* Die Reduzierung auf die drei Kerndisziplinen, für die sich alle Experten in diesem Buch aussprechen, würde natürlich einen Riesenaufschrei der Speed-Piloten bringen. Der Aufteilungsvorschlag von Krauß für eine Weltcup-Saison: zwölf Abfahrten, acht Slaloms und acht Riesentorläufe. Einige Super-G-Rennen könnte man ja auch noch dazunehmen, aber prinzipiell müssen die Abfahrer wieder mehr Richtung Riesentorlauf gehen, wie damals zum Beispiel auch Hermann Maier.

Und die Athleten müssen noch deutlich mehr mithelfen bei der Vermarktung des Skisports, vor allem über ihre Social-Media-Kanäle und mit der Bereitschaft, ihr Sportlerleben und vielleicht auch ein bisschen etwas von ihrem Privatleben mit den Fans zu teilen. *„Das sind super Promotion-Tools für den Sportler und für die Sportart. Die Interaktion mit den Fans ist extrem wichtig und wertvoll. Nicht um-*

sonst sind ja in der Wirtschaft die sogenannten Influencer die beste Marketingstrategie heutzutage. Vor allem die Topathleten müssen sich der Verantwortung bewusst sein, dass sie die Speerspitze ihrer Sportart sind! Da ist noch viel, viel Luft nach oben. Denn selbst absolute Ski-Megastars wie Marcel Hirscher können sich wohl außerhalb Österreichs problemlos durch jeden Biergarten bewegen, ohne erkannt zu werden. Da schaut's mit Leuten wie Roger Federer, Lewis Hamilton oder Basti Schweinsteiger doch deutlich anders aus …"

Gemeinsam können wir alle mit den Sportlern und Veranstaltern dafür sorgen, dass diese geile und mit so vielen positiven Attributen aufgeladene Sportart wieder schmackhaft für viele Firmen wird und diese in Werbung investieren – und somit mehr Geld in die Sportart fließt. Nehmen wir Kitzbühel her. Oder auch das Lauberhorn mit Eiger, Mönch und Jungfrau. Das ist Tradition, das ist Action, das ist ein sensationelles Gesamterlebnis. Auf der anderen Seite müssen wir weg davon, zum Beispiel in Naturschutzgebiete eine Abfahrt hineinzubauen, wie es in Südkorea geschehen ist. Das schadet nicht nur der Umwelt, sondern auch dem Image unseres Sports!

Um die Änderungen vor allem bei der Kalendergestaltung auch wirklich durchzubringen, muss man bei der FIS die verkrusteten Strukturen aufbrechen. *„In den einzelnen Komitees, Unterkomitees und Councils sitzen Trainer und Sportdirektoren, die die Interessen ihrer Teams vertreten* *und leider nicht die des Skisports. Das ist das Hauptproblem. Da spielen viel zu viele Verbandsinteressen mit, vor allem jene der Österreicher.*"

Bleibt alles beim Alten, schaut's nicht gut aus, dann sind wir auf dem besten Weg, ein Auslaufmodell zu werden. Krauß: *„Ganz klar, die Tendenz des alpinen Skisports ist bestenfalls stagnierend, eher sogar leicht rückgängig, das geht auch aus allen Medienauswertungen hervor. Wenn genauso weitergemacht wird, ist zu befürchten, dass der Skisport noch mehr zu einer Rand- und Nischensportart wird. Die Bezeichnung Auslaufmodell trifft es in diesem Fall ganz gut.*" Es ist also wirklich fünf vor zwölf!

- Der Skisport muss sich ein Beispiel am Biathlon nehmen. In Zeiten massiver TV-Konkurrenz ist fernsehgerechter Sport mehr denn je gefragt.
- Radikaler Umbau des Weltcup-Kalenders – keine Tabus! Zurück zu den Kerndisziplinen Slalom, Riesentorlauf und Abfahrt. Dafür muss die FIS-Struktur verändert werden, weil aktuell die Eigeninteressen der Verbände Veränderungen blockieren.
- Die technischen Bewerbe mit den beiden Durchgängen und der stundenlangen Pause dazwischen sind viel zu langatmig.
- Die Starterfelder sind viel zu groß. Bei den Speed-Events maximal 40 Starter. Bei den technischen Bewerben im ersten Durchgang maximal 45 Starter.
- An den Vortagen könnte es ähnlich wie im Skispringen eine Qualifikation fürs Hauptrennen geben.
- Die FIS darf sich nicht mit Bewerben aus dem eigenen Haus selbst Konkurrenz machen.
- Innovationen sind gefragt, um die Emotion besser zum Zuschauer zu transportieren – Stichwort Schlüssellocheffekt: „Cockpit"-Kameras, ähnlich wie in der Formel 1, Mikrofone in den Startnummern, den FIS-Funk für die Zuschauer hörbar machen ...
- Die Sportler stehen in der Pflicht, mehr von sich preiszugeben und auch selbst mehr Geschichten zu kreieren, um die Fans, aber auch die Sponsoren, zufriedenzustellen.

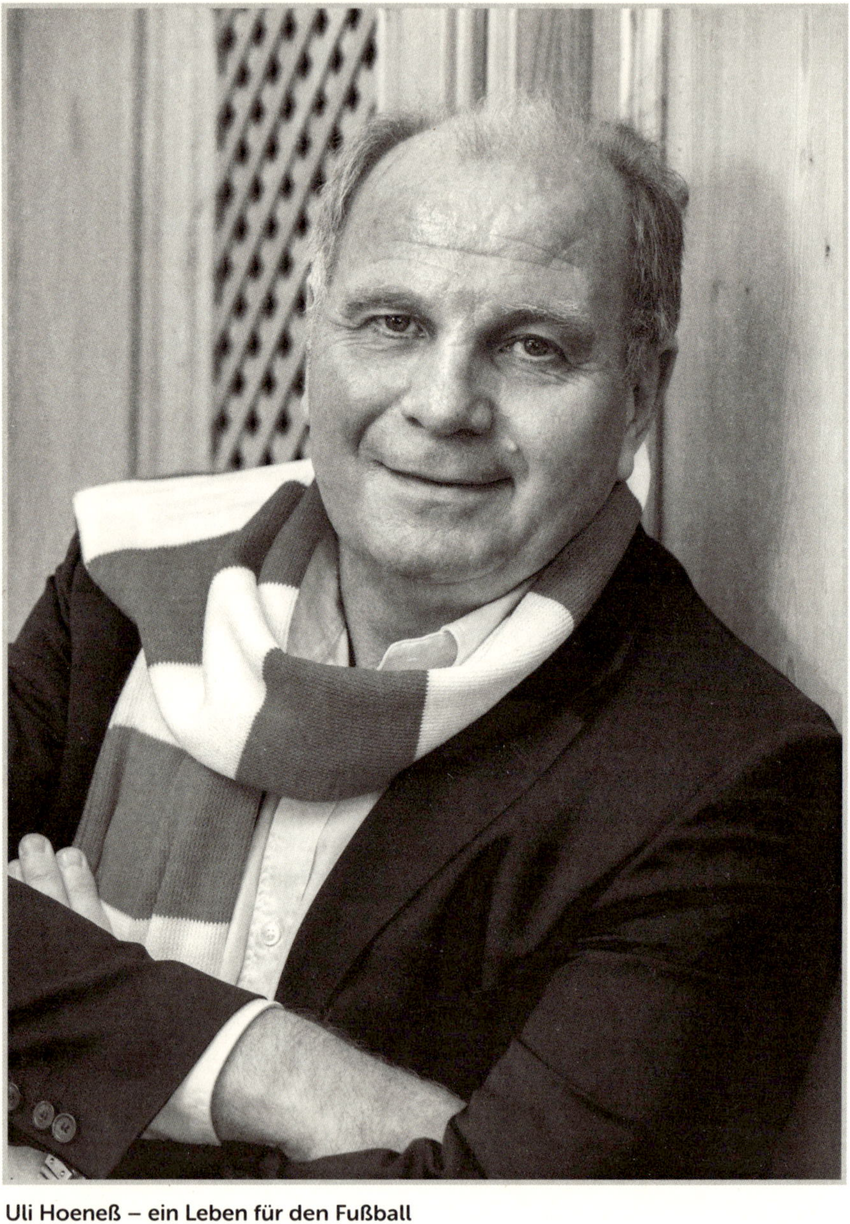

Uli Hoeneß – ein Leben für den Fußball

KÖNIG ODER MONSTER FUSSBALL? ULI HOENESS, THOMAS MÜLLER

Ulrich „Uli" Hoeneß (* 5. Januar 1952 in Ulm) war deutscher Fußballspieler und später Funktionär und Unternehmer. Als Spieler feierte er viele Erfolge mit dem FC Bayern München und wurde mit der deutschen Nationalmannschaft 1972 Europameister und 1974 Weltmeister.

Nach seinem verletzungsbedingten Rücktritt wechselte Uli Hoeneß 1979 – im Alter von nur 27 Jahren – als Manager in die Führung seines Vereins Bayern München. Neben den sportlichen Erfolgen – 16-mal deutscher Meister, neunmal DFB-Pokal-Sieger, sechsmal Gewinner des Liga-Pokals und je einmal UEFA-Pokalsieger, Champions-League-Sieger und Gewinner des Weltpokals – konnte er den Verein auch wirtschaftlich sanieren und zu einem florierenden Unternehmen umwandeln. 2009 beendete er nach mehr als dreißig Jahren seine Karriere als Club-Manager und wurde mit mehr als 99 Prozent der Stimmen zum Präsidenten des FC Bayern München gewählt.

Uli Hoeneß wird von Freunden wie auch von Kritikern attestiert, dass er sein Herz auf der Zunge trägt und stets mit viel Leidenschaft für seine Überzeugungen eintritt. Knackige Sprüche und polarisierende Aussagen zeichnen ihn aus und machen ihn zu einem der erfolgreichsten Fußballmanager der Welt und zu einem beliebten Interviewpartner.

Thomas Müller (* 13. September 1989 in Weilheim in Oberbayern) ist ein deutscher Fußballspieler und beim Verein FC Bayern München unter Vertrag. Mit ihm wurde er mehrmals deutscher Meister und Pokalsieger und schaffte 2013 und 2020 das Triple aus Meisterschaft, Pokalsieg und Champions-League-Titel. 2014 wurde er mit der deutschen Nationalmannschaft in Brasilien Weltmeister.

Neben seinem Hobby, der Pferdezucht, widmet sich Thomas Müller dem Wohl von Kindern und versucht, sie mit seiner Kinderbuchreihe zum Lesen und für Sport und Bewegung zu begeistern.

Seit ich ein kleiner Bub bin, bin ich extrem eng mit dem Fußball verbunden. Ich habe beim 1. FC Garmisch-Partenkirchen gespielt und dort sämtliche Jugendmannschaften durchlaufen. Neben dem Skifahren war der Fußball mein Leben! Im Alter von 13, 14 Jahren musste ich mich dann entscheiden: was will ich machen? Will ich Fußballer oder Skifahrer werden? Ich habe mich fürs Skifahren entschieden, und zwar aus einem einzigen Grund: Meine Mama hat mich damals zu den Trainings der Bayern-Auswahl gefahren. Da die Mama eine recht bekannte Persönlichkeit ist, hat sie sich oft 400, 500 Meter weit vom Fußballplatz entfernt hingestellt und auf mich gewartet. Fast alle anderen Elternteile sind am Spielfeldrand gestanden und haben wie wild reingeschrien. Das hat mir überhaupt nicht getaugt. Und deshalb habe ich mir gesagt: „Das ist nicht so meine Welt, ich will lieber rauf auf den Berg und Ski fahren. Da habe ich meine Ruhe und da können auch die Eltern vom Pistenrand nicht so reinbrüllen." Wie viele vielleicht wissen, habe ich in meinen Jahren als Nachwuchsfußballer auch sehr viel mit meinem Freund Basti (Bastian Schweinsteiger, Anm.) zusammengespielt. Basti war auch ein sehr talentierter Skifahrer. Aber was der Bursche schon damals fußballerisch draufhatte, war einfach unvorstellbar. Der Typ ist auf dem Platz gestanden und ist so dermaßen herausgestochen, einfach beeindruckend. Insofern hat der Basti natürlich alles richtig gemacht, dass er sich im Gegensatz zu mir fürs Fußballspielen entschieden hat. Er ist in die Bayern-Akademie gegangen und ich auf die Berge.

Fan des FC Bayern München bin ich von klein auf. Sicher vor allem durch meinen Papa, der den Bayern ebenfalls die Daumen drückt und mich oft ins Stadion mitgenommen hat. Mein Vater war damals Chef der Sportartikel-Firma Erbacher und stieg als Trikotsponsor bei den Stuttgarter Kickers ein. Die Kickers waren damals ebenfalls in der Bundesliga und wir haben uns natürlich auch das Heimspiel gegen die Bayern angeschaut – als kleiner Sohn des Kickers-Trikotsponsors mit dem Bayern-Trikot! Einmal FC Bayern, immer FC Bayern. Den Fußball verfolge ich natürlich auch heute noch sehr intensiv. Ein überragender Sport, der in dieser Form eigentlich immer schon existiert und sich im Laufe der Jahrzehnte so gut wie gar nicht verändert hat (abgesehen von Abseits, Video-Schiri …). Es gibt immer noch zwei Spielhälften zu jeweils 45 Minuten und am Ende gewinnt die Mannschaft, die mehr Tore geschossen hat. Also ein sehr, sehr einfach zu verstehendes Spiel. Und das ist auch das große Plus von Sportarten wie Fußball, Basketball, American Football oder Baseball. Da hat sich an den Regeln und Formaten nie groß etwas geändert. Und damit sind wir auch wieder bei einem der Hauptprobleme des

Skirennsports. Da wird versucht, mit Gewalt neue Formate zu schaffen, bei denen sich die Leute dann irgendwann einfach nicht mehr auskennen.

Für mich eine der beeindruckendsten Persönlichkeiten in der Welt des Fußballs ist Uli Hoeneß, der Macher des FC Bayern München. Ein Mann mit Visionen! Einer, der nicht lange um den heißen Brei herumredet. Wenn ihm etwas nicht passt, dann spricht er es an. Bei ihm weiß man, woran man ist. Solche Menschen mag ich. Ich liebe es auch, dass er nach wie vor lieber ein Fax als eine E-Mail bekommt. Richtig cool! Uli verkörpert noch viel Tradition, hat sich aber der Moderne wahnsinnig gut angepasst. Menschlich ist er einer, der immer hilft, er ist jederzeit für einen da. Unglaublich, wie vielen Menschen und Vereinen er schon geholfen hat! Uli hat einen sehr großen Platz in meinem Herzen.

Es gibt wohl kaum jemanden, der die „guten alten Zeiten" des Fußballs in den 1970er- und 1980er-Jahren mit jenen von heute besser vergleichen und analysieren kann als Uli. Abgesehen von seinen sensationellen Erfolgen als Spieler (u. a. Europameister, Weltmeister, 3 × Europapokal der Landesmeister, 3 × deutscher Meister) und dann als Manager und Präsident (u. a. 2 × Champions League, 21 × deutscher Meister, 12 × deutscher Pokalsieger) des FC Bayern München, hat Uli alle Facetten des Fußballerlebens und des „echten" Lebens kennengelernt.

Deshalb gleich einmal die ganz simple Frage an Uli: Wenn er könnte, wäre er lieber heute als damals Fußballer? *„Unsere Zeit war definitiv weniger druckvoll. Diese permanente Beobachtung durch die Smartphones der Leute, das schränkt die Freiheit eines Profis heutzutage massiv ein. In Wahrheit können die Spieler nichts mehr machen, ohne fotografiert zu werden und gleich danach im Internet zu landen. Dass die Leute stolz darauf sind, sich mit einem Kimmich fotografieren zu lassen, das werde ich nie verstehen. Man freut sich schon, wenn man erkannt wird. Aber hundert Selfies machen, wenn man nur die Straßenseite oder das Zelt beim Oktoberfest wechseln möchte? Ich frag mich immer, was die Leute damit anfangen? Ich hab wirklich schon eine Menge faszinierende Persönlichkeiten in meinem Leben treffen dürfen, Jack Nicholson, Bill Cosby, ich hab mit Kirk Douglas in Südfrankreich eine Partie Tennis gespielt. Aber ich wäre niemals auf die Idee gekommen, mich mit diesen Leuten fotografieren zu lassen! Das waren wunderschöne Erlebnisse, die ich in meinem Kopf gespeichert habe, mir eingeprägt habe, aber das war's dann."*

Aber zu den heutigen Spielergagen würdest du doch auch nicht Nein sagen, oder, Uli? *„Natürlich nicht. Aber wie gesagt: Ich glaube, der Preis, den diese absoluten Topspieler dafür zahlen, ist ein relativ hoher. In Wahrheit opfern sie einen großen Teil ihrer Jugend, ihrer ungezwungensten Zeit des Lebens, ihrer vielleicht schönsten Jahre, in der Hoffnung, dass sie danach, also nach der Karriere, alles Verpasste* *nachholen werden. Während der Karriere haben sie halt ihre zwei, drei Wochen im Jahr Urlaub, ansonsten leben sie unter einer Käseglocke, wofür sie natürlich auf der anderen Seite überproportional viel Geld bekommen. Wenn sie halbwegs klug sind und nicht unvernünftig alles auf den Putz hauen, verdienen sie in diesen paar Jahren so viel, dass sie ihr ganzes Leben nicht mehr arbeiten müssten. Wenn sie das wollen. Ich persönlich würde das ja nicht wollen. Im Endeffekt wäre die goldene Mitte zwischen damals und heute ideal, aber du kannst weder das eine vor- noch das andere zurückdrehen. Man kann sich nicht beklagen über die ständige Präsenz in der Öffentlichkeit. Denn genau das bringt im Endeffekt das meiste Geld. Nur zum Vergleich und zur besseren Orientierung: Als ich 1979 im Management bei den Bayern begonnen habe, gab's kein Merchandising, keine Trikots und T-Shirts zu kaufen. Da gab's ein paar Bayern-Postkarten und ein paar Schals, alles in allem vielleicht vier, fünf Artikel. Heute sind es mehr als tausend. Bayern hatte damals zwölf Millionen Mark Umsatz, 85 Prozent davon waren Zuschauereinnahmen. Jetzt haben wir 750 Millionen Euro Umsatz, davon nur noch 18 Prozent aus Zuschauereinnahmen. Der fette Rest kommt aus Fernsehgeldern, Marketing und Merchandising.*"

Und, was ja auch nicht so unwesentlich ist als Spieler des FC Bayern: Uli & Co. konnten früher auf dem Oktoberfest ganz anders die Sau rauslassen als die Kicker von heute, denke ich. *„Ich erinnere mich noch sehr genau, als wir da-*

mals unseren Trainer Udo Lattek baten: ‚Herr Trainer, können wir vielleicht schon am Vormittag trainieren?' Denn wir wollten am nächsten Tag ab zwölf Uhr mittags auf dem Oktoberfest sein. So war's dann auch. Dann rein ins erste Zelt, trinken, essen und schon leicht angedudelt zum Fliegenden Teppich (Fahrgestell auf dem Oktoberfest, Anm.). Und dort hat der Sprecher nach einer halben Stunde noch immer ins Mikrofon gebrüllt: ‚Und geht schon, noch eine Runde für den FC Bayern!' Bis der erste von uns vom Teppich runtergekotzt hat. Und dann ging's munter weiter ins nächste Zelt. Genau von solchen Erlebnissen erzählt man 30, 40 Jahre später. Die Spieler von heute können so etwas gar nicht mehr erleben und erzählen. Jetzt stell dir einmal vor, das würde die jetzige Bayern-Mannschaft machen? Was da los wäre bei solchen Bildern? Wenn ich da alles und die ganze Wahrheit von den früheren Jahren erzählen würde, müsste ich auswandern! Das ist auch der Grund, warum ich kein Buch schreibe, denn ich will ja auch nicht die Privatsphäre der Freunde von damals beschädigen." So wie die Geschichten von Uli haben mich damals auch die Geschichten meiner Eltern unglaublich fasziniert. Und deshalb wollte ich zwar immer meinen Skisport so professionell wie möglich ausüben, aber ich wollte halt auch die Dinge erleben, von denen man dann in 30, 40 Jahren noch erzählt.

Auch wenn die Kicker von heute in einer ganz, ganz anderen Welt spielen und leben als Hoeneß & Co. damals, den Vorwurf, dass die heutige Spielergeneration nur noch aus Individualisten bestehe und es keine echte Gemeinschaft mehr gebe, wischt Uli entschieden vom Tisch: *„Ganz im Gegenteil. Die aktuelle Mannschaft des FC Bayern zeichnet sich nicht zuletzt dadurch aus, dass sie eine große, gute Gemeinschaft ist. Aber es gibt halt ganz, ganz große Unterschiede zu damals. Bleiben wir beim Beispiel Oktoberfest. Einmal im Jahr gehen wir mit der Mannschaft aufs Oktoberfest mittagessen. Da wird dann der erste Stock im Käfer-Zelt für uns abgesperrt. Für fünf Minuten dürfen dann die 20 bis 40 Fotografen und Kameraleute in den Bereich. Früher waren es ein bis zwei, da hatte man seine Ruhe. Jetzt muss man sie bitten, dass sie nicht zu sehr in den Teller der Spieler reinfilmen. Das ist doch alles ein Wahnsinn, aber eben ‚part of the game'."*

Wenn es ums „Benehmen" und Auftreten der heutigen Kicker geht, will auch Thomas Müller – mit Deutschland Weltmeister 2014 und mit den Bayern u. a. zweifacher Champions-League-Sieger und neunfacher deutscher Meister – lieber die Kirche im Dorf lassen: *„Natürlich kann man sagen ‚Blingbling-Generation' und Sonstiges. Aber ich denke, dass die heutigen Spieler viel, viel braver sind als die Spieler damals. Was machen denn Fußballer heutzutage schon groß? Früher sind sie mit ihren Ferraris vorgefahren und haben reihenweise Frauen abgeschleppt. Das passiert doch heute alles nicht mehr. Und das Mannschaftsgefüge und das Integrieren von neuen, jungen Spielern läuft heute auch viel leichter und freundlicher. Früher ging's viel mehr um Prämien, da hat's ein extrem hartes Stechen um die*

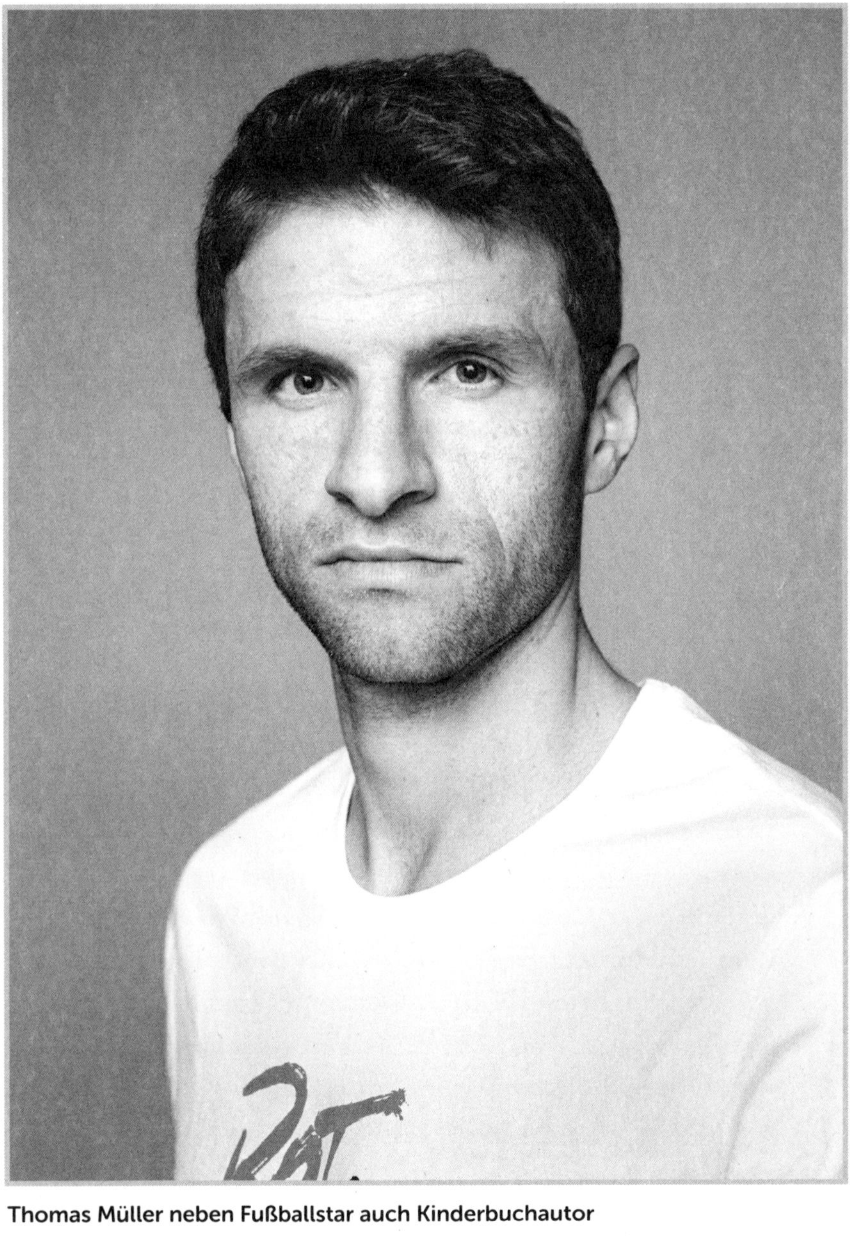

Thomas Müller neben Fußballstar auch Kinderbuchautor

Plätze in der Mannschaft gegeben, heute hat ohnehin jeder genug, egal ob er viel spielt oder halt etwas weniger.“

Sehr prägend für mich war vor einiger Zeit ein Besuch bei den Nachwuchstalenten des FC Bayern an der Säbener Straße. Da habe ich die Burschen gefragt, wer denn ihre Vorbilder sind. Ich dachte, dass da jetzt die meisten Manuel Neuer, Thomas Müller und Arjen Robben nennen würden. Aber von den 35 Jungs nannten gerade einmal drei einen Bayern-Spieler. Ansonsten fielen nur Namen wie Cristiano Ronaldo, Lionel Messi oder Sergio Ramos. Wie gibt's denn so etwas? – Thomas Müller wundert das nicht: *„So ist das im eigenen Laden! Die wenigsten der Jungen am Campus sind klassische Bayern-Fans. Das sind Talente, die irgendwann gemerkt haben, dass sie besser als die meisten anderen sind, und seitdem sind sie dazu berufen, Profi zu werden. Da sind die aktuellen Bayern-Spieler keine Vorbilder. Die sind wie Arbeitskollegen, die sie eines Tages verdrängen wollen.“*

„Kein Wunder und eine klassische Folge der Globalisierung“, meint auch Uli Hoeneß, der aber noch andere Gründe sieht. *„Dass früher die Bindung der Spieler an den eigenen Verein viel größer war, hat den einfachen Grund, dass es viel weniger Alternativen gab. Das Ausland war da noch nicht so das große Thema. Madrid oder Mailand waren vielleicht noch interessant. Aber heute haben die Spieler eine ganz andere Meinung. Die Hemmschwelle, ins Ausland zu gehen, ist aufgrund der Globalisierung viel kleiner*

geworden. Als ich ein Bub oder Jugendlicher war, da kannte ich Uwe Seeler und Franz Beckenbauer. Da bin ich ganz schüchtern zu einer Autogrammstunde von Uwe Seeler in ein Möbelhaus gegangen und hab gesagt: ‚Darf ich bitte ein Autogramm haben, Herr Seeler?' Aber von Pele oder Eusebio wusste ich da nichts. Es gab ja so gut wie keine internationalen Spiele im Fernsehen zu sehen, vielleicht zweimal pro Jahr ein Europapokalspiel. Heute kann man sich zu jeder Zeit jedes Spiel auf der Welt anschauen. Leute wie Thomas Müller sind da eher weniger gefährdet. Da müsste wirklich schon viel passieren, dass der die Bayern verlässt. Aber zum Beispiel dein Freund Basti Schweinsteiger! Der wäre doch vor 20 Jahren niemals auf die Idee gekommen, nach Manchester zu gehen. Doch in der heutigen Zeit hat er den Reiz gesehen und den Sprung gewagt. Und ich bin auch der Meinung, dass ihm Manchester und vor allem danach die USA sehr gut getan haben."

In diesem Buch spricht Zukunftsforscher Tristan Horx unter anderem davon, dass in den vergangenen Jahren und Jahrzehnten im Fußball ein „Monster" erschaffen wurde und dass gerade im populärsten Sport der Welt die Bodenhaftung komplett verloren gegangen sei. Sieht das Uli auch so? *„Ich sehe das Problem bei den heutigen Spielern vor allem darin, dass sie durch ihre Berater ein bisschen und immer mehr fremdgesteuert werden. Die Berater haben leider nicht immer den Vorteil der Spieler im Auge, sondern viel mehr den eigenen. Als Paul Breitner und ich damals unsere Ver-*

träge verhandelt haben, da sind wir selbst am Tisch gesessen, da war kein anderer für uns dabei. Da haben wir uns gefetzt, aber wir haben uns das alles selbst ausgemacht. Heute gibt es kaum mehr einen Spieler, der selbst verhandelt, der bei diesen Gesprächen überhaupt dabei ist! Ich habe überhaupt kein Problem und auch vollstes Verständnis, dass heutzutage Berater dabei sind, wenn verhandelt wird. Aber es wäre doch angebracht, wenn auch die Spieler dabei sind, damit sie selbst merken, was läuft. Da könnten sie die Argumente des Vereins persönlich entgegennehmen und nicht vorgekaut von einer dritten Seite. Für den Berater ist es doch die Hauptsache, dass er selbst seine Millionen bekommt."

Vergrault der Fußball eigentlich mit den utopischen Gehältern und der Unnahbarkeit der Stars seine klassischen Fans von der „Basis"? Thomas Müller sieht das einfach als eine Folge der Entwicklungen in den vergangenen Jahrzehnten. *„Früher hat's diese klassischen Trainingsgäste gegeben, die drei Meter neben dem Platz an der Säbener Straße jedes Training verfolgt haben. Ja, von denen hat sich der Fußball ganz sicher entfremdet. Aber für den einen kommen unzählige internationale Fans dazu. Der Profisport ist doch nur noch ein Konsumgut, dessen finanzielles Volumen durch die geöffnete Welt sehr, sehr groß ist. Die klassischen Vereinsfans werden dadurch auch Fans. Heute gibt es viel mehr Spielerfans. Das ist mein Verein, dem halte ich die Treue durch dick und dünn – das wird immer weniger. Die Jungen finden einen Spieler cool und dem drücken sie die Daumen."*

Bis es so weit kommt, bis wir von diesen Gehältern und Spielern auf diesem absoluten Top-Niveau reden, ist es für Talente eine weite Reise. Eine Reise durch den Unterbau, auch teils durch den Breitensport-Fußball. Und da schaut die Entwicklung nicht rosig aus. Das spüren und bemerken sogar Vereine wie die Bayern. „*Der FC Bayern hat noch vor einigen Jahren von vielen ehrenamtlich engagierten Leuten profitiert, weil die bei kleineren Vereinen Spieler ausgebildet haben, die dann für uns interessant geworden sind. Genau da, bei diesen 30- bis 40-jährigen Leuten, die ehrenamtlich den Jugendlichen etwas beigebracht haben, herrscht aber mittlerweile ein Riesenmangel. Der Profibereich hat sich extrem professionalisiert, da arbeiten gut bezahlte hauptamtliche Leute. Im Amateurbereich schaut es hingegen leider ganz anders aus.*" Warum das so ist, dafür sieht Hoeneß die Gründe vor allem im komplett veränderten Rollenbild der Eltern: „*Die Kinder wollen und bekommen heutzutage eine komplette Rundumbetreuung. Ich sehe das ja bei meinen Enkelkindern. ‚Opa, Opa, kicken, kicken', sagen sie permanent. Da haben wir uns so kleine Eishockeytore aufgestellt und da spielen wir die ganze Zeit. Und dann Lego spielen und Mensch ärgere dich nicht und so weiter. Und der Opa muss immer dabei sein. Viele Eltern, vor allem die Väter, haben ein schlechtes Gewissen, weil sie während der Woche die ganze Zeit arbeiten, sodass sie dann das gesamte Wochenende nichts anderes machen, als ihre Kinder zu bespaßen. Als ich ein Kind war, da hatte keiner für so etwas Zeit. Ich hab gekickt und bin am Wochenende mit dem*

VfB Ulm zu den Spielen gefahren. Meine Eltern waren da maximal ein-, zweimal im Jahr mit dabei. Dazu kommt diese unglaubliche Anzahl an Freizeitmöglichkeiten in der heutigen Zeit. Ich hatte früher einen Lederball, auf den ich lange hingespart habe. Mit zwölf, 13 Jahren hab ich ihn mir gekauft, da war ich dann der König bei meinen Freunden, mit denen ich täglich gespielt habe. Bei meinem Sohn war's schon so: Wenn er losgezogen ist, hat er manchmal gerade einmal drei gefunden, die mitkicken wollten. Für die kleineren Vereine wird es ab einer gewissen Altersklasse immer schwieriger, überhaupt eine Mannschaft zu stellen. Da müssen schon zwei, drei Ortschaften eine Spielgemeinschaft gründen, damit sie zusammen noch eine C-Jugend-Mannschaft hinkriegen. Das hat sicher auch damit zu tun, dass viele Jungs zu Hause viel zu viel auf der Playstation spielen. Viele Irrgläubige sagen ja, über die Playstation kommen sie trotzdem zum Fußball, weil sie es dann selbst versuchen wollen. Aber das glaube ich nicht. Nach zwei, drei Stunden FIFA auf der Playstation hat der keine Lust mehr, selbst auf den Fußballplatz zu gehen. Unterm Strich ist es kurioserweise so: Früher mussten einen die Eltern nach Hause zerren, wenn es dunkel wurde. Heute müssen sie die Kinder ins Freie zerren."

Hat die heutige „verwöhnte" Generation mittlerweile zu wenig Biss, um es überhaupt bis ganz nach oben, vielleicht bis zum FC Bayern zu schaffen? Uli Hoeneß sieht das Problem differenzierter: *„Also, bei den ganz Kleinen, bei den Fünf- bis Achtjährigen, da ist der Zulauf nach wie vor un-*

glaublich groß. So ab dem Alter von zehn und dann bis zu den 14-Jährigen, da merkt man, dass es mit Freundin und Playstation viel, viel weniger wird. Wenn die Jugendlichen dann feststellen, wie schwierig es sein könnte, wirklich ganz nach oben zu kommen, dann fallen sehr viele ab. Profi werden wollen sie ja schon, aber die harte Arbeit, die Entbehrungen wollen sie nicht auf sich nehmen. Als ich damals 13, 14 Jahre alt war, spielte ich in der Auswahl von Baden-Württemberg. Da haben sie damals zu meinem Vater gesagt: ‚Ihr Sohn wäre ja ein ganz guter Spieler, aber er ist zu langsam.' Damals bin ich die 100 Meter in 13,4 Sekunden gelaufen. Also bin ich dann im Alter von 14 bis 18 Jahren jeden Morgen um 5.30 Uhr aufgestanden und durch die Wälder von Ulm gerannt. Zweimal in der Woche hab ich zusätzlich mit einer Leichtathletik-Gruppe trainiert. Und einige Jahre später bin ich dann die 100 Meter in 10,9 Sekunden gelaufen. Was ich damit sagen möchte: Ich wollte unbedingt nach oben, der Fußball war die große Chance für einen sozialen Aufstieg. Mein Leben bestand aus Schule, Hausaufgaben und Fußball. Für mich war es etwas Besonderes, wenn ich mir um zehn Pfennig eine Brezel gekauft habe. Die Ausgangsposition der jungen Leute heute ist da eine ganz, ganz andere. Das soziale Niveau zum Beispiel in Deutschland ist wahnsinnig hoch. Trotzdem würden natürlich viele gerne auch heute noch Sportstars werden. Aber 90 Prozent der Freizeit dafür opfern und sich den Arsch aufreißen, das wollen halt nur noch sehr wenige. Genügend Zeit für die Playstation muss schon auch noch sein. Keine

Frage, Ausnahmeathleten wird es immer geben. Und die Leistungen und Rekorde werden aufgrund der Entwicklungen bei den Trainingsmöglichkeiten und der Ernährung wahrscheinlich noch besser. Aber die Masse an Topleistungssportlern wird deutlich abnehmen. Früher konnte man aus einer Masse an jungen Leute auswählen, die aus Spaß, aber auch aus Mangel an Alternativen gekickt haben. Das wird es in Zukunft in dieser Form nicht mehr geben." Auch Thomas Müller kennt natürlich die Problematik, sieht aber schon auch die Vereine in der Pflicht: „*Logisch, dass heute die Menschen in ihren eigenen vier Wänden viel leichter an Unterhaltung und Ablenkung kommen. Da geht man nicht mehr automatisch zum Sportverein. Dieses klassische Vereinsleben in den Ortschaften gibt es ja nicht mehr. Früher hattest du deine WhatsApp-Gruppe quasi im Vereinsheim. Heute kann ich auch übers Internet schafkopfen und über WhatsApp meine Witze austauschen. Dafür muss ich mich nicht mehr mit dem Fritzi und mit dem Franzi ins Vereinsheim setzen. Warum ist früher so viel draußen gespielt worden? Weil's drinnen fad war. Jetzt ist es drinnen nicht mehr so fad. Die Sportvereine haben mit dieser ganzen Indoor-Erlebnis-Industrie sehr, sehr große Konkurrenz bekommen. Ein dementsprechend tolles Angebot müssen die Vereine daher auch liefern, um die Kinder, also ihre Kunden, begeistern zu können. Da muss man sich schon deutlich mehr anstrengen und mehr Überlegungen hineinstecken als früher, das ist klar, sonst hat man gegen E-Sport und die anderen Freizeitangebote wenig Chance.*"

Ein weiteres kleines Beispiel, das zu dieser Entwicklung passt: 2017 verkaufte Adidas die Golf-Tochter TaylorMade, und zwar nicht zuletzt aufgrund einer Studie, die besagte, dass die jungen Leute nicht mehr Golf spielen wollen, weil sie nicht mehr bereit sind, vielleicht sogar mehrere Stunden von ihren elektronischen Geräten getrennt zu sein. Die Jugendlichen heutzutage schauen übrigens im Schnitt alle sechs bis sieben Minuten auf ihr Handy. Ein Wahnsinn! Mir fallen dazu immer diese Bilder in den Restaurants ein, wenn ich ein Paar sehe, das sich zwei Stunden lang gegenübersitzt und kaum ein Wort wechselt, weil beide in ihr Kastl reinschauen. Da kann ich's mir oft nicht verkneifen und sag dann, wenn ich auf dem Weg auf die Toilette vorbeigehe: „Na, ihr habt's aber auch a feste Gaudi miteinander.“ Aber viele kriegen auch das nicht mit, weil sie so vertieft in ihr Ding sind.

Was mir ganz besonders wichtig ist, ist die olympische Idee, der olympische Gedanke. Sie gilt es, mit aller Kraft am Leben zu erhalten, zu verteidigen, auch wenn das alles derzeit gewaltig bröckelt. Davon haben so viele Kinder profitiert, das war und ist für so viele Kinder Antrieb und Lebensziel. Das sind die Wurzeln, die den Sport so groß gemacht haben. Und die Wurzeln darf man niemals vernachlässigen. Sieht es Uli genauso wie ich, dass diese Ideen, diese Werte heutzutage von den Organisationen und Verbänden mit Füßen getreten werden?

„Dass in den diversen Verbänden Schindluder betrieben wurde und betrieben wird, das ist kein Phänomen der letzten fünf, zehn Jahre. Das gibt es seit 50, hundert Jahren, also seit es diese Verbände gibt, da bin ich mir ganz sicher. Ich glaube nicht, dass es viele Großereignisse gegeben hat, bei deren Vergabe kein Bakschisch bezahlt worden ist. Der Unterschied ist, dass jetzt, durch die gläserne Öffentlichkeit, viel mehr bekannt wird – berechtigterweise und zum Glück! Dadurch wachsen natürlich die Widerstände der Menschen gegen diese Ereignisse. Und je größer im Laufe der Jahre die Summen rund um solche Großereignisse wurden, desto größer wurde die Gefahr, dass Schindluder betrieben wurde. Vielleicht ist es die Realität, dass man mit dem Idealismus, den zum Beispiel wir beide, Felix, in uns tragen, mittlerweile nicht mehr wirklich weiterkommt!? Es geht inzwischen um so viel Geld, um so viel mehr als nur den Sport. Wie können wir es schaffen, dass Orte wie Garmisch oder die Schweiz oder Österreich wieder Winter-Olympia haben wollen, es sich leisten können und wollen? Ganz ehrlich, dafür habe auch ich kein Patentrezept. Fakt ist: Beim Begehren, den besten Sport zu machen, und gleichzeitig dem Begehren, das beste Geschäft zu machen, ist es zu einer sehr ungesunden Diskrepanz gekommen."

Sehr ähnlich sieht's Thomas Müller, der allerdings auch zur Debatte stellt, warum denn in Deutschland oder Österreich niemand mehr Events wie Olympia haben will:

„Es gibt natürlich meistens keine Beweise, aber natürlich wird bei diversen Vergaben der eine oder andere Dollar fließen. Jeder, der etwas anderes behauptet, weiß, dass er lügt. Aber traditionelle Sportländer wie etwa auch Deutschland müssen sich da schon auch Kritik gefallen lassen. Wieso gibt's denn kein Olympia in München? – Auch, weil die Bauern in Garmisch nicht wollen, dass ihre Felder zugeparkt werden. In Ländern, in denen Demokratie und Ordnung herrschen, in denen es zum Glück kultiviert zugeht, lassen sich die Leute halt die Bedingungen, die die Gastgeber erfüllen müssen, nicht so leicht aufs Aug drücken. Deutschland will schon den Ryder Cup der Golfer, will der Veranstaltung aber keine Steuerfreiheit geben. Na gut, dann wird der Ryder Cup halt woanders ausgetragen. Verbände wie auch die FIFA tendieren daher zu Ländern, in denen ihr Katalog mit den Vorgaben und Bedingungen abgearbeitet wird, ohne groß Fragen zu stellen. Wenn zum Beispiel eine Fußball-WM an Brasilien geht, dann verschuldet sich ein ohnehin schon hoch verschuldetes Land noch mehr, um diese WM zu bekommen. Und danach interessiert's die FIFA nicht mehr, wie es in Brasilien weitergeht. Sicher ist es auch abenteuerlich, dass Olympia an Russland und Putin vergeben wird. Aber es machen halt alle mit … Ich bin mir sicher, dass viele diese Entwicklung moralisch gerne stoppen würden, aber halt nicht auf eigene Kosten. Wenn's irgendwo einen Cent mehr gibt, hält man halt auch wieder die Hand auf.“ Viel besser, als Uli und Thomas es mit diesen Worten tun, kann man die Lage nicht zusammenfassen.

Das Thema Nachhaltigkeit prägt zum Glück unsere Zeit, egal in welcher Sportart, egal ob im Fußball oder im Skisport. Deshalb stehe ich auch solchen wahnwitzigen Ideen, wie jener der längsten, fünf Kilometer langen Weltcup-Abfahrt in Zermatt mit Start in der Schweiz und Ziel in Italien, sehr kritisch gegenüber. So etwas muss doch wirklich nicht sein! Was meint Uli zum Thema Nachhaltigkeit? *„Diese Idee zum Beispiel von dieser Abfahrt in Zermatt taugt vielleicht den Läufern, taugt vielleicht ein paar Zuschauern. Aber auf der anderen Seite verlierst du dadurch mit Sicherheit auch eine ganze Menge an jungen Leuten, die da ganz anders denken, die das für einen riesigen Schmarrn halten. Vor 30 Jahren wurde vielleicht für die Errichtung einer Abfahrt ein halber Wald abgeholzt und keinen hat's gejuckt. Heute hast du eine Gegenbewegung von Umweltschützern, wenn fünf Bäume gefällt werden. Das hat sich geändert, dieser ganze Umweltgedanke hat sich geändert, und das finde ich gut! Wir beim FC Bayern haben ja schon lange einige Spezialisten im Club, die sich um das Thema Nachhaltigkeit kümmern."*

Es ist natürlich kein Zufall, dass die Bayern-Stars von Sponsor Audi mittlerweile mit E-tron-Modellen ausgestattet sind und alle beruflichen Wege damit absolvieren. Im Trainingsgelände an der Säbener Straße wurden deshalb um rund eine Million Euro Ladestationen errichtet. *„Der Sport muss Vorbild sein, durch die Sogwirkung der Öffentlichkeit kann vieles bewegt werden. Da geht es um Details wie die Becher für die Zuschauer bei den Spielen im Stadion. Und* *irgendwann wollen wir dank Photovoltaik auch mit unserem Stadion energieunabhängig sein. Aber das alles wird uns in Zukunft auch nichts nützen, wenn wir keine Spieler mehr haben, die kicken wollen.*" Und wenn das ein Uli Hoeneß sagt, einer der wichtigsten Männer beim derzeit besten Fußballverein der Welt, dann ist es punkto Bewegungsarmut und Sportmotivation unserer Kinder wirklich schon 90. Minute oder sogar Nachspielzeit! Der Kampf für die Helden von morgen ist also wichtiger als je zuvor.

DIE LÖSUNGSVORSCHLÄGE

- Sportler – speziell Fußballer sollten ihren Beratern nicht blind vertrauen, bei den Verhandlungen mit den Klubs auch wieder vermehrt persönlich anwesend sein und sich damit selbst ein Bild machen.
- Bei den Vergaben von Großereignissen darf kein Schindluder mehr betrieben werden. Die „gläserne Öffentlichkeit" hilft dabei.
- Weltsportarten wie der Fußball müssen ihre Vorbildwirkung in Sachen Nachhaltigkeit ernst nehmen.
- Das Problem der wegbrechenden ehrenamtlichen Nachwuchs-Trainer muss angegangen und gelöst werden.
- Die Kinder und Jugendlichen müssen wieder mehr Biss und Durchhaltevermögen für den Weg an die Weltspitze des Sports entwickeln.

ZIELDURCHFAHRT
WAS BLEIBT ALSO?

Was bleibt also am Ende des Tages oder, besser gesagt, am Ende des Buches? – Der Herzenswunsch, dass der Sport wieder durch seinen ursprünglichen Grundgedanken, durch seine ursprüngliche Idee getragen wird! Sport wird nicht durch überdimensionales Aufblähen spektakulär. Das Auftreten der Sportler und die Leistungen der Sportler machen ihn spektakulär. Durch exorbitante Gehälter, Korruption, Doping, künstlich größer gewordene Großveranstaltungen ist alles zu viel geworden. Es ist eine Blase entstanden, die längst geplatzt ist. Das ist daran zu erkennen, dass die Menschen, die Fans, nicht mehr mit dieser Emotion und Leidenschaft beim Sport und beim Mitfiebern dabei sind wie früher. Die Explosion zeigt sich auch, weil viele Länder, darunter sogar die Kerngebiete des Wintersports, keine Olympischen Spiele mehr ausrichten wollen. Das ist für mich das alarmierendste Ausrufezeichen dieser Entwicklung.

Ich wünsche mir die Wiederauferstehung des olympischen Geistes: Dabei sein ist alles! Dieses Funkeln in den Augen, wenn Kinder mit ihrem Lieblingssport beginnen! Ich wünsche mir, dass sie dieses Funkeln in den Augen nicht verlieren, es soll sie ihr ganzes Leben begleiten. Und ich wünsche mir, dass die Entscheidungsträger in den Verbänden und in der

Politik ebenfalls dieses Funkeln in den Augen haben. Denn eines der grundlegendsten Probleme, die Politik und Sportverbände gemeinsam haben, ist, dass die Entscheidungsträger meistens viel zu weit weg sind von der Basis, von den Menschen. „Von oben herab“ treffen sie weitreichende Entscheidungen. Diese Entscheidungsträger müssen sich wieder um die wahren Bedürfnisse des Publikums und der Sportler kümmern. Es kann nicht sein, dass Leute, die sich mit der Materie nicht auskennen, die Richtung vorgeben. An den entscheidenden Stellen müssen wieder Personen sitzen, die wirklich Menschen und Sportler geblieben sind!

Und für die Kinder und ihre Eltern wünsche ich mir, dass sie dieses Leuchten in den Augen haben, wenn sie gemeinsam etwas erleben, etwas erreichen. Dass sie Begeisterung und Neugier haben, wenn sie in der Natur sind. Und dass sie nicht als erstes immer das Handy herausholen und ein Foto machen. Viel mehr haben sie davon, wenn sie diese Momente gemeinsam aufsaugen, erleben, im Kopf verarbeiten und speichern. Dieses Handy-Bild vom Gipfelkreuz schaust du dir vielleicht noch einige, wenige Male an. Aber wenn du dir diesen Moment im Gedächtnis eingeprägt hast, dann gehört er dir ein Leben lang. Eltern und Kinder, Opas, Omas und ihre Enkelkinder sollen in Erinnerungen an gemeinsame Erlebnisse schwelgen. Das habe ich immer geliebt und das liebe ich noch immer. Und diese Erlebnisse, diese Bilder, diese Gedanken sollen von Generation zu Generation weitergetragen werden. Die Augen müssen weiter funkeln und leuchten!

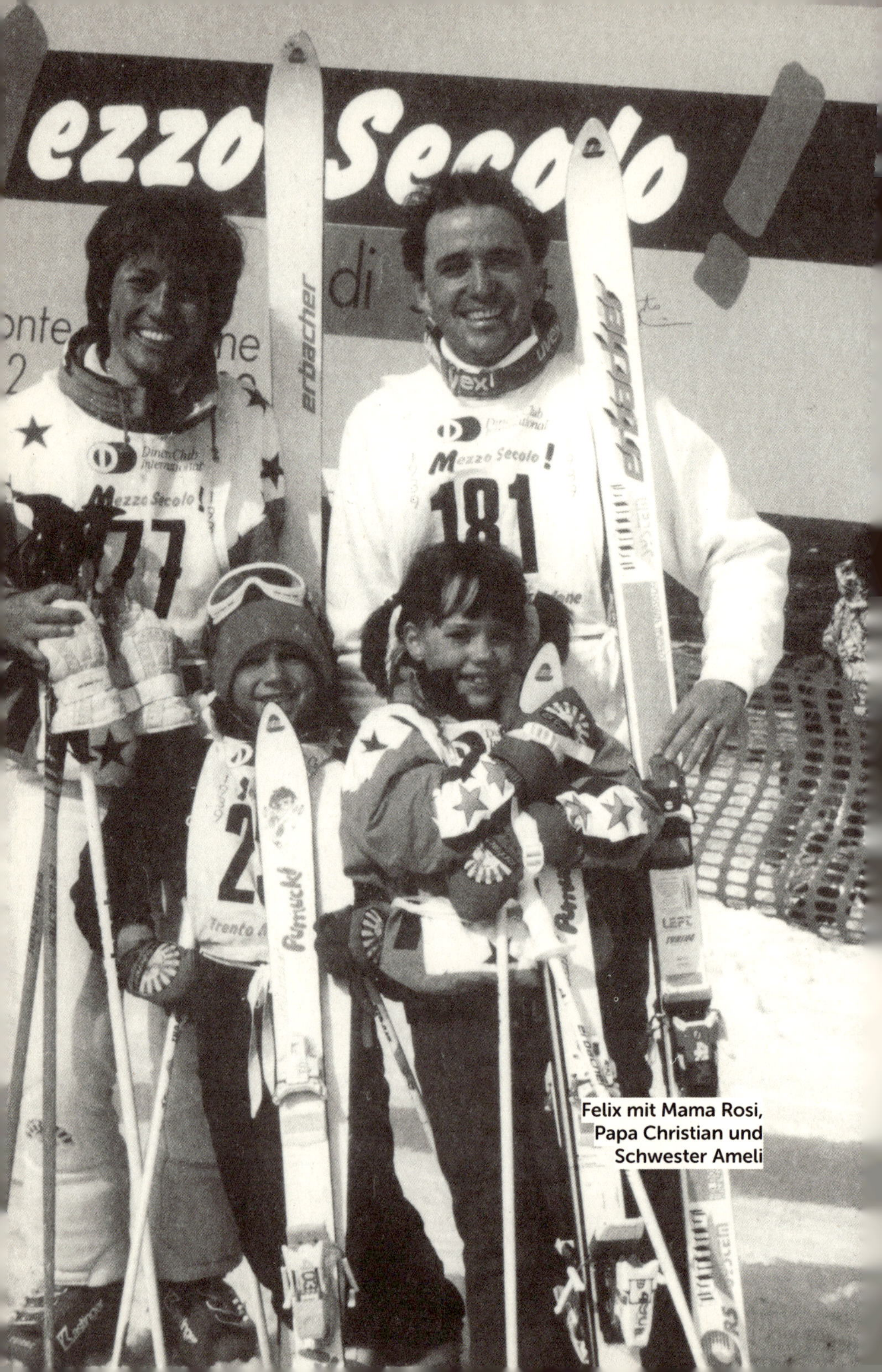

Felix mit Mama Rosi, Papa Christian und Schwester Ameli

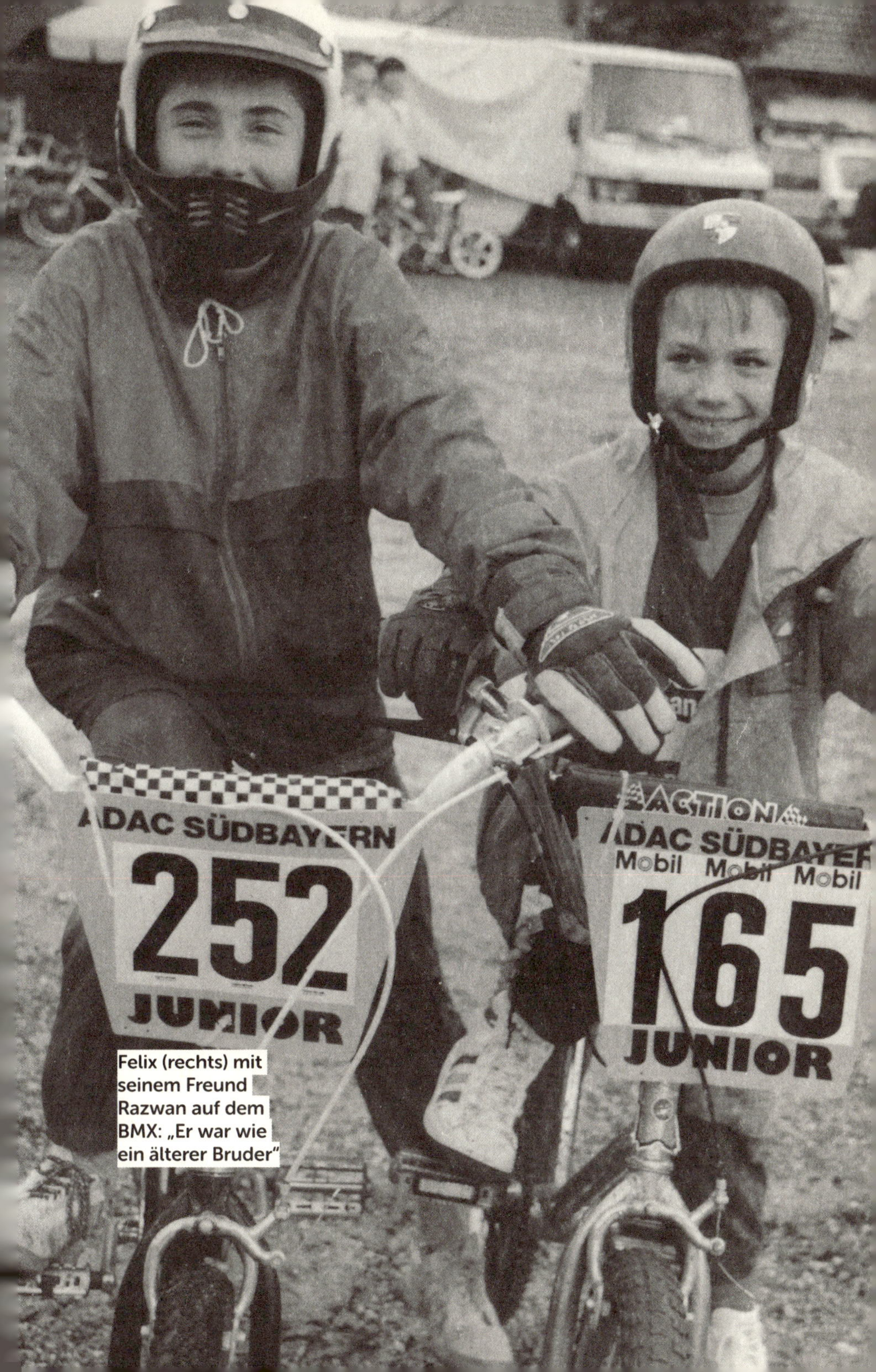

Felix (rechts) mit seinem Freund Razwan auf dem BMX: „Er war wie ein älterer Bruder"

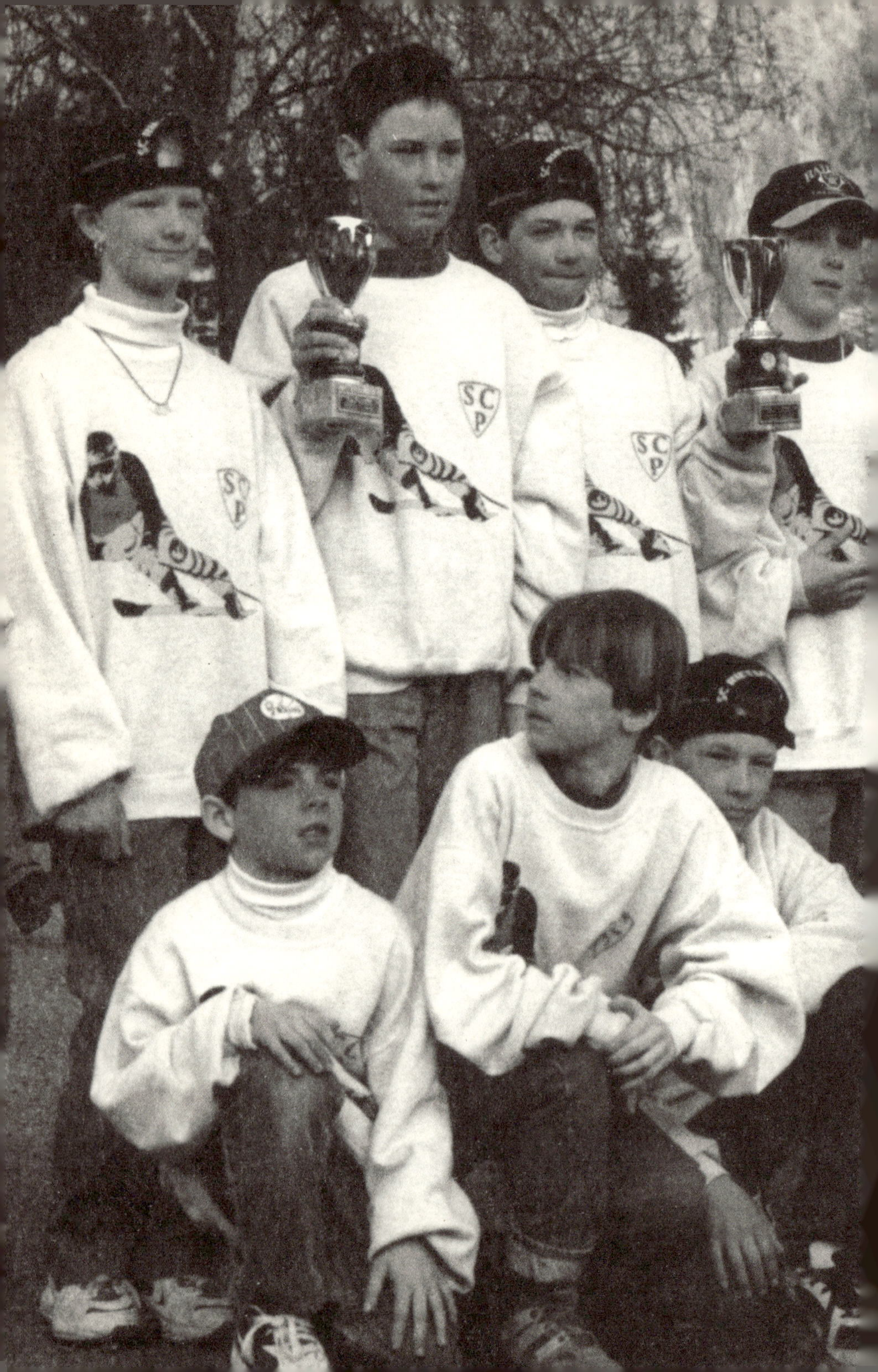
SCP

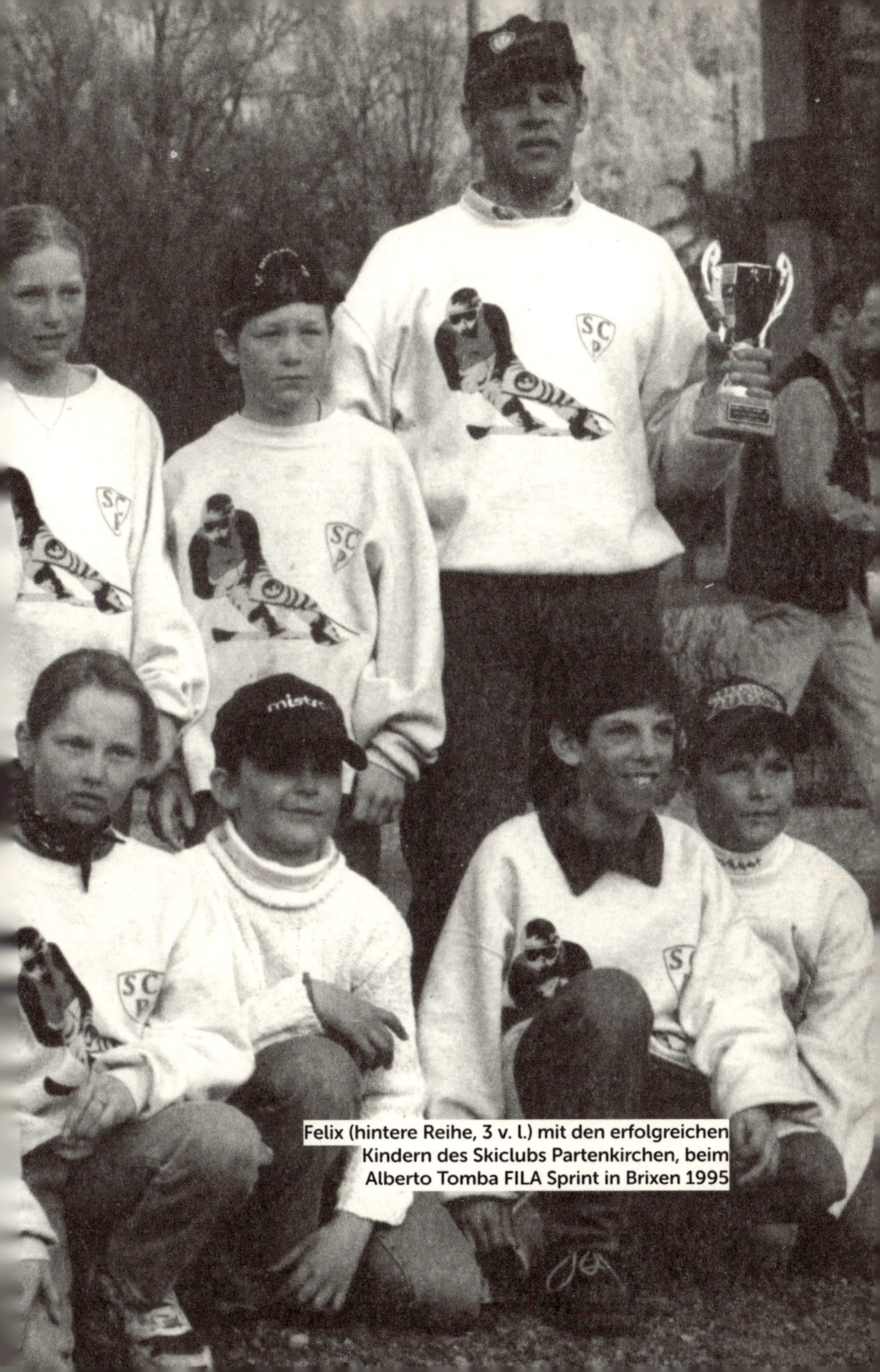

Felix (hintere Reihe, 3 v. l.) mit den erfolgreichen Kindern des Skiclubs Partenkirchen, beim Alberto Tomba FILA Sprint in Brixen 1995

Autoren

Felix Neureuther, geb. 1984, bekam als Sohn der deutschen Ski-Größen Rosi Mittermaier und Christian Neureuther das Leben als Spitzensportler quasi in die Wiege gelegt. Neureuther war in seiner Jugend auch ein talentierter Fußballer und spielte u. a. mit Bastian Schweinsteiger in diversen Nachwuchs-Auswahlen. Im Alter von 12 Jahren entschied er sich aber für eine Karriere als Skirennfahrer und feierte darin später große Erfolge: Er holte u.a. fünf Medaillen bei Weltmeisterschaften (darunter einmal Gold) und gewann 13 Weltcup-Rennen. Neben seinen sportlichen Leistungen begeisterte Neureuther die Massen auch als Sympathieträger und war ein Liebling der Skifans weit über die deutschen Grenzen hinaus. 2019 beendete Felix Neureuther seine aktive Karriere. Seit vielen Jahren ist der Bayer auch als Kinderbuchautor aktiv und engagiert sich dafür, Kinder zu mehr Bewegung zu motivieren und den Stellenwert des Sports in der Gesellschaft wieder zu erhöhen.

Alex Hofstetter, geb. 1979, ist seit 1995 Sportjournalist für namhafte österreichische Medien, seit 2017 in der Sportredaktion der Kronen Zeitung. Über den Ski-Weltcup schreibt er seit 2002, berichtete dreimal von Olympischen Spielen, achtmal von Weltmeisterschaften und war bei hunderten Weltcup-Rennen vor Ort. Hofstetter ist Co-Autor des Bestsellers »Marcel Hirscher. Die Biografie«.

Stefan Illek, geb. 1977, ist seit 2002 selbstständiger Kommunikationsberater und war unter anderem Pressesprecher des Österreichischen Pferdesportverbands, der Österreichischen Sporthilfe und des Österreichischen Fußball-Bunds. Seit 2009 arbeitet er in unterschiedlichen Mandaten für den Österreichischen Skiverband. 2012 übernahm er das Kommunikationsmanagement von Marcel Hirscher und begleitete ihn bis 2020 als Sprecher und Berater. Seit 2020 leitet er die Kommunikation des Österreichischen Skiverbands. Illek ist Co-Autor des Bestsellers »Marcel Hirscher. Die Biografie«.

Paolo Condò

FRANCESCO TOTTI
DER EWIGE KAPITÄN

Seine Zahlen sprechen für sich und seinen Status als Legende des Fußballs: In 786 Spielen für die AS Roma erzielte Francesco Totti von 1993 bis 2017 307 Tore, hält damit in beiden Statistiken den Vereinsrekord und holte mit den „Giallorossi" 2001 nach 18 Jahren Durststrecke den langersehnten (und bis heute letzten) Meistertitel.

Doch Totti war und ist viel mehr als das: Mit seinen 25 Serie-A-Saisonen im Dress der Römer, davon 19 in der Rolle als Kapitän, bewies er eine heute kaum mehr vorstellbare Vereinstreue, reifte zur Kultfigur und zum Publikumsliebling. Die Fans feierten und litten mit ihm – auch bei seinem letzten Auftritt im Mai 2017.

Zahlreiche Anekdoten vom Spielfeld, aber auch abseits des Platzes belegen, dass der heute 43-Jährige das Spiel immer auch mit der nötigen Portion Humor verband. Ebenso lässt er Nähe zu, wenn er über Ilary Blasi, die große Liebe seines Lebens, spricht und schildert, wie der Hype um seine Person gelegentlich auch erdrückend wirkt.

Denn Totti ist Rom – genauso, wie er für die Römer ein Teil deren Lebens bleibt.

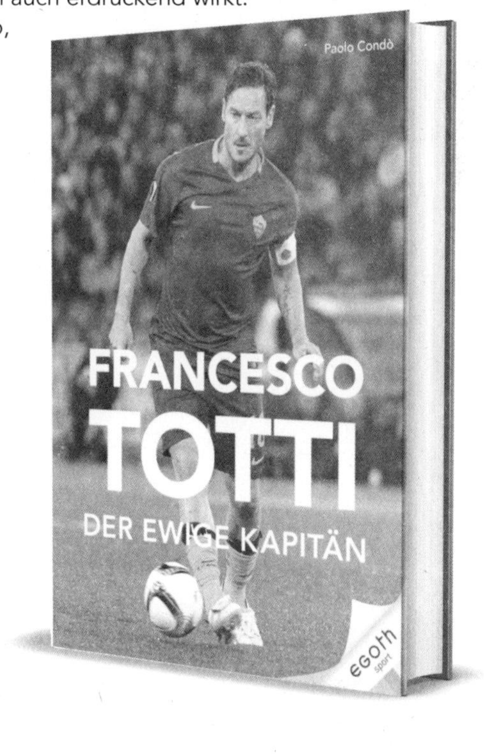

FRANCESCO TOTTI.
Der ewige Kapitän

Hardcover, 14 x 21 cm,
ca. 400 Seiten, bebildert

ISBN: 978-3-903183-44-5
Preis: 29,90 €

E-ISBN: 978-3-903183-85-8
Preis: 27,99 €